나의 40일 작정기도 제목

1

2

3

4

육이 죽고 영이 사는

40일 작정기도

일러두기 | 인용 성구는 별도의 표기가 없는 경우 새번역본을 사용하였습니다.

육이 죽고 영이 사는
40일 작정기도

유예일 지음

4 0 D A Y S

규장

기도 바람잡이가 되어라

주차장 차 안에서, 한 자매와 통화 중이었다. 자매의 문제를 상담하다가 나는 '40일 작정기도' 해볼 것을 권했다. 기왕이면 기도일지를 기록해보고, 도움받을 도서나 교재가 있는지도 찾아보라고 했다. 전화를 끊고 나도 찾아보려는데, 주님의 음성이 들려왔다.

'네가 써라.'

세미하지만 강렬한 울림이었다. 집필 계획이 전혀 없었기에 내 생각일리 없었다. 문득 두려움이 밀려왔다. 교회 사역과 육아와 집안일만으로도 빠듯한데, 여기에 집필까지 더할 자신이 없었다. 게다가 둘째 아이를 간절히 기다리던 터라 더더욱 주님 음성을 못 들은 척했다. 그리고 누구에게도 말하지 않았다. 남편 목사님에게도.

시간이 지나, 사순절 특별새벽기도회를 앞두고 골방에서 기도하던 어느 날이었다. 기도할수록 하나님께서 몹시 기뻐하시는 게 느껴졌다. 특별한 은혜가 임했고, 나는 부흥회를 하듯 뜨겁게 기도했다. 그런데 주님의 부드러운 음성이 또다시 들려왔다.

'예일아, 써라.'

다행히 그 자리에서 순종하는 마음이 부어졌고, 그렇게 집필이 시작되었다. 하지만 막상 '40일 작정기도'라는 주제 하나 받아들고 뭘 써야 할지 몰랐다. 기도 자리에서 부르짖고, 실제로 40일 작정기도를 몇 차례나 했다. 하루는 고심하던 내게 주님의 지혜가 섬광처럼 비추었다.

'성경 속 40일.'

나는 창세기부터 차근히 읽어 내려가며 40일과 관련한 말씀을 정리했다. 그러다 공통점을 발견했다. 바로 40일이 '육이 죽고 영이 사는 시간'이라는 점이었다. 하루가 천 년 같고 천 년이 하루 같다는 주님께서(벤후 3:8) '혼과 육의 시간'인 크로노스를 살아가는 우리를 '영의 시간'인 카이로스로 초대해 새롭게 하시는 시간이었다. 죄의 소욕을 따라 사는 혼과 육이 십자가에서 죽고, 예수님의 영이신 성령을 따라 살게 되는 부활의 시간이었다.

성경을 다 읽어갈 즈음 놀라운 일이 일어났다. 갑자기 눈앞에 선명한 문구가 보였다. 마치 주님이 타이핑하시듯 한 글자 한 글자가 또렷이 나타났다.

"육이 죽고 영이 사는 40일."

할렐루야! 책 제목이었다. 잠시 후 주님이 말씀하셨다.

'딸아, 기도 바람잡이가 되어라. 내 자녀들을 기도의 자리로 나아오도록 앞장서서 도와라. 네 노력이 작은 나비의 날갯짓처럼 미약해 보여도,

내가 놀라운 기도의 부흥을 일으키리라.'

가슴이 뛰었다. 주님은 내게 대단한 걸 요구하지 않으셨다. 마치 에스겔을 골짜기에 데려가 "인자야 너는 대언해라" 하시며 그로 선포하게 하시고, 하나님의 능력을 부으사 마른 뼈들을 군대처럼 일으키셨듯, 내게도 '써라, 내가 일할 것이다' 말씀하셨다.

예전에 우리 교회에 조혜련 씨가 방문해서 간증을 나눠준 적이 있다. 그는 자신을 '성경 바람잡이'로 소개하며, 함께 성경을 읽도록 독려하는 '말씀 방탈출'이라는 재밌는 아이디어를 나눠주었다.

그로부터 수년이 지난 오늘까지도 성도들은 이 방법으로 성경을 즐겁게 읽어나가고 있다. 그녀가 바람잡이 역할을 제대로 해주었다는 생각이 든다. 마찬가지로 내게도 하나님의 자녀들이 기도 골방을 세워 꾸준히 기도하도록 돕는 '기도 바람잡이' 역할을 허락해주시니 참 감사하다.

이 책은 40일간 성경에 녹아든 하나님 아버지의 마음을 묵상하고 기도하도록 돕는 '40일 작정기도 묵상집'이다. 저마다 간구하는 제목들이 있겠지만, 우선 주님과 대면하여 그분의 마음을 알아가는 시간을 통해 삶의 문제가 저절로 풀어지는 은혜를 맛볼 것이다.

이 책의 모든 독자가 매일 골방 기도를 사수하고, 육신의 정욕이 뒤섞인 막연한 기도에서 성령님과 함께 말씀을 따라가는 '영의 기도'로 인도함 받기를 소망한다.

사랑하는 주님과 진하게 만나는 40일의 기도 여행, 함께 떠나보지 않겠는가!

Let's Pray

묵상한 본문을 토대로
나에게 질문하며
기도문을 적어보는 공간입니다.

1 나는 이 시대의 노아인가요? 하나님의 뜻보다 육신의 정욕을 따라 살지 않는
지 돌아보며, 말씀으로 조명해주시길 기도합시다.

주님 앞에 거하는 시간보다 미디어를 즐기며 세상 문화에 마음을 빼앗
겼던 것을 회개합니다. 노아처럼 하나님 말씀에 순종하며, 진정한 복과
기쁨을 누리게 해주세요! 그런 삶을 소망합니다!

2 삶의 현장에서 내가 지어야 할 방주는 무엇인가요? 깨닫게 해주시길 기도하
며, 순종의 고백을 올려드립시다.

아무리 바빠도 하루 1시간 주님 앞에 머무는 골방 기도를 세우겠습니
다. 기도 자리에서 주님과 뜨겁게 만나고, 그 힘으로 매일을 생명력 있
게 살아내길 원합니다. 성령님, 저를 도와주세요!

말씀을 소리 내어 읽으며
영혼에 새깁시다.
암송을 하면 더욱 좋습니다.

3 아래 말씀을 소리 내어 선포하며, 내 고백이 되길 기도

내가 그리스도와 함께 십자가에 못 박혔나니 그런즉 이제
오직 내 안에 그리스도께서 사시는 것이라 이제 내가 육체 가운데 사는 것은 나를 사
랑하사 나를 위하여 자기 자신을 버리신 하나님의 아들을 믿는 믿음 안에서 사는 것
이라 갈 2:20 개역개정

Prayer

이 기도문을 내 기도로서 입술로 고백해도 좋고
이에 힘입어 기도를 이어가거나 잠잠히 묵도하며
주님이 주시는 마음을 받아도 좋습니다.

하나님, 육이 죽고 영이 사는 40일이 되기를 기도합니다.
노아의 홍수 40일 동안 인류가 두 운명으로 갈라진 걸 보았습니다.
육신의 정욕을 따라 사는 자는 죽었고,
하나님의 영을 따라 사는 자는 구원을 얻었습니다.
저도 이 시대의 노아로 살길 원합니다

프롤로그

3 PART 영으로 사는 삶

Part 1.

육이 죽고, 영이 사는
40일

DAY 01 노아의 40일

창세기 6장-8장

성경에 처음 등장하는 40일은 '노아의 홍수' 때다. 이 땅의 온 인류에게는 심판과 죽음의 시간이었지만, 하나님의 말씀을 따라 방주에 올라탄 노아와 그 가족에게는 다시 새 삶을 얻는 구원과 부활의 시간이었다. 같은 40일이지만, 전혀 다른 운명으로 갈리는….

죄로 하나님의 영이 떠난 인간은 육신적 존재로 전락하여 모든 생각이 항상 악했다. 그러나 노아는 하나님을 늘 의식했고 갈망했다. 그분과 동행하는 삶을 추구했다. 그도 여느 인간처럼 육신의 몸을 입고 발을 땅에 딛고 살았지만, 육의 생각을 따라 사는 자가 아니었다. 하나님의 말씀을 따라 사는 자였다.

육신의 생각과 세상 풍조가 아닌 오직 하나님의 영에 이끌려 그분의 뜻을 붙들었다. 하나님을 의식하지 않고, 제 소견에 옳은 대로 살아가는 존재가 가득한 세상에서 유일하게 하나님을 경외하는 자였다. 그런 노아에게 하나님은 그분의 마음과 계획을 알려주셨다. 죄가 만연한 이 세상을 끝내기로 하시며, 하나님을 경외한 노아와 그 가족만을 위해 구원의 길을 내셨다. 그것은 '방주'였다.

> 그러나 너하고는, 내가 직접 언약을 세우겠다. 너는 아들들과 아내와 며느리들
> 을 모두 데리고 방주로 들어가거라. 창 6:18

하나님은 노아에게 방주를 어떻게 지어야 하는지 세세하게 말씀하셨다. 노아는 믿음으로 100년 동안이나 묵묵히 방주를 지었다. 하나님이 명하신 모든 말씀을 그대로 준행했다. 그러는 동안 세상 사람들은 그를 어리석게 보았을 것이다. 비 한 방울 내리지 않는데 큰 비가 내릴 거라며, 산꼭대기에 커다란 배를 짓는 그를 이해하지 못했을 것이다.

노아 역시 그런 세상의 조롱과 비웃음에 때로 두렵고 외로우며 손이 약해지기도 했을 거다. 하지만 날마다 그가 주님 앞에 나아감으로, 하나님이 그를 만나주셨고, 그가 흔들리지 않고 말씀을 따라 살도록 붙들어 주셨으리라. 그 은혜를 힘입어 노아는 임무를 완수했다.

때가 차매, 심판의 날이 임했다. 하나님의 말씀대로 40일 동안 밤낮으로 비가 쏟아졌다. 육신적 존재는 모두 죽었고, 하나님의 영을 따라 약속대로 방주에 올라탄 노아와 그 가족은 구원을 얻었다. 육은 사라지고, 영이 살아남았다.

육신의 생각을 버리고 하나님의 말씀을 따른 믿음의 사람, 노아에게 베푸신 방주는 '예수 그리스도'를 예표한다. 구원의 방주이신 예수님 안에 거할 때, 육의 생각이 죽고, 하나님의 말씀을 따라 사는 생명의 길로 갈 수 있다.

이 세상도 노아의 홍수 때처럼 심판의 날을 맞이할 것이다. 언제인지 알 수는 없지만, 분명한 건 예수님이 다시 오신다는 사실이다. 그날엔 두 운명으로 갈라질 것이다. '예수 그리스도'의 방주에 올라탄 사람은 구원을 얻고, 그러지 못한 사람은 심판받을 것이다(마 24:37-39).

우리는 이 시대를 살아가는 노아다. 세상 사람들이 잘 먹고 잘살고 성공하기 위해 열심히 달려가는 한복판에서, 믿음으로 방주를 지어야 한다. 우리는 예수님의 재림을 분명히 믿는 존재다. 이 세상을 지으셨고 끝내실, 알파와 오메가가 되시는 하나님이 살아계시며, 그분께로 가는 길은 오직 예수 그리스도뿐이라는 진리를 확실히 믿는다.

그러니 나를 위해 생명을 주신 예수 그리스도를 믿는 믿음으로 살아가야 한다. 그분이 기뻐하시는 뜻을 위해, 세상이 말하는 삶의 방식이 아닌 하나님이 기뻐하시는 말씀의 원리로. 노아가 방주를 지었듯, 우리도 말씀으로 삶을 세워나가야 한다.

날마다 주님께 가까이 나아가자. 그러면 주님이 만나주신다. 주님의 사랑과 말씀으로 삶을 지어가도록 도우신다. 그럴 때 많은 영혼이 우리를 통해 주님을 만나며 구원의 방주에 오르게 될 것이다. 주님은 육신적 존재로 죽어가는 영혼들을 살리길 간절히 바라신다. 삶터, 일터, 가정에서 예수 그리스도를 증거하는 이 시대의 노아로 살아내자.

Let's Pray

1 나는 이 시대의 노아인가요? 하나님의 뜻보다 육신의 정욕을 따라 살지 않는 지 돌아보며, 말씀으로 조명해주시길 기도합시다.

_____

_____

_____

_____

2 삶의 현장에서 내가 지어야 할 방주는 무엇인가요? 깨닫게 해주시길 기도하며, 순종의 고백을 올려드립시다.

_____

_____

_____

_____

3 아래 말씀을 소리 내어 선포하며, 내 고백이 되길 기도합시다.

내가 그리스도와 함께 십자가에 못 박혔나니 그런즉 이제는 내가 사는 것이 아니요 오직 내 안에 그리스도께서 사시는 것이라 이제 내가 육체 가운데 사는 것은 나를 사랑하사 나를 위하여 자기 자신을 버리신 하나님의 아들을 믿는 믿음 안에서 사는 것 이라 갈 2:20 개역개정

Prayer

~~~

하나님, 육이 죽고 영이 사는 40일이 되기를 기도합니다.

노아의 홍수 40일 동안 인류가 두 운명으로 갈라진 걸 보았습니다.

육신의 정욕을 따라 사는 자는 죽었고,

하나님의 영을 따라 사는 자는 구원을 얻었습니다.

저도 이 시대의 노아로 살길 원합니다.

예수 그리스도 안에서 육의 생각이 죽고

성령충만을 입어, 하나님의 말씀을 따라 살게 해주세요.

세상이 말하는 성공과 행복에 눈이 멀어 세상의 법대로 살지 않고

하나님이 기뻐하시는 뜻을 따라 살겠습니다.

그 기쁨과 감사가 제 안에 넘쳐나길 소망합니다.

노아가 묵묵히 방주를 지었던 것처럼

제가 지어야 할 방주, 곧 사명을 깨닫게 해주세요.

세상 가치에 휩쓸리지 않고, 하나님 말씀에 붙들리게 해주세요.

오늘도 오직 하나님을 경외하며 주님만을 붙들겠습니다.

예수님의 이름으로 기도합니다, 아멘.

DAY 02

40의 축을 따라 변화된 모세의 삶

출애굽기 2장-5장

이스라엘 백성을 출애굽으로 이끌었던 모세의 삶에도 '40'이 등장한다. 이 수를 빼고는 그의 인생을 이야기할 수 없을 정도로 40은 의미심장하다. 우선 그는 나일강에서 건져져 애굽의 왕자로 40년간 자랐다. 이후 광야로 도주해 목자로 살아낸 세월도 40년이었다. 또한 이스라엘 백성을 이끌고 가나안에 들어가기 직전까지 40년간 하나님께 쓰임 받았다. 그렇게 세 번의 40년을 마치고, 모세는 120세에 가나안 땅 목전에서 하늘의 부르심을 받았다.

　그의 생애 첫 40년은 나일강에 던져져 죽을 수밖에 없는 '죽음'의 운명에서 하나님의 은혜로 '육신의 생명'을 얻은 삶이었다. 게다가 공주의 아들로 입양되어 왕자의 신분으로 자랐으니, 비록 친자는 아니어도 화려한 왕궁 생활을 하며 높은 학문을 연마할 수 있었으리라. 그는 권력을 누리며 힘의 원리도 배웠을 것이다. 그 힘으로 자신의 콤플렉스이자 무거운 사명이기도 했던 이스라엘 백성의 구원을 이루고자 했다. 그러나 '그의 힘과 의'는 철저히 실패했다.

우리에게 생명을 허락하신 분은 하나님이시다. 우린 그 생명을 가지고 각자의 인생을 살아간다. 부유하고 넉넉하게 혹은 가난하고 어렵게 자라며 세상의 원리를 배워나간다. 하나님의 말씀과는 다른 성공과 실패, 행복과 불행, 공의와 불의를 정의하는 세상의 논법을. 그 위에 하나님의 성품이 아닌, 죄 된 인간의 성품으로 자기만의 철학을 쌓아간다. 그러나 이 모든 건 예수 그리스도 안에서 죽어야 하는 '내 힘과 의'다.

광야로 도망친 모세의 두 번째 40년은 그의 정체성이 다 무너져 내리는 시간이었다. 그는 왕자의 삶도, 치열하게 고민했을 사명도 잊고, 그저 재야에 묻혀 사는 양치기이자 평범한 가장이 되었다. 이전에 자기 의와 힘으로 살고자 했던 자아(육신적 생명)가 완전히 낮아지고 죽는 시간이었으리라.

우리에게도 하나님께서 허락하시는 '광야의 시간'이 있다. 내가 누구인지, 나라는 사람의 이름 앞에 붙은 여러 수식어가 위협받거나 사라질 때 우린 혼란에 빠진다. 그 수식어에 왜 그토록 집착하고 에너지를 쏟는지, 왜 희비가 갈리는 파도를 넘실넘실 타는지…. 아무것도 안 보이는 춥고 외롭고 황량한 광야에서는 오직 주님만 바라보게 된다.

그러다 모세는 마지막 40년을 맞이한다. 활활 타오르는 불 속에도 여전히 살아있는 가시떨기 앞에서, 하나님이 모세를 찾아오셨다. 노인이 된 그를 찾아오시어 애굽의 바로 왕을 상대하는 어마어마한 출애굽 프로젝트에 부르셨다. 그의 대답은, "오, 주여! 보낼 만한 자를 보내소서"였다. 스스로 그 큰일에 적합한 자가 아니라고 여겼다. 과거에 애굽에서 이스라엘 백성을 구원하려 기고만장했던 청년의 때를 지나, 연약한 노인이

된 자신을 부르시다니! 하지만 그때가 바로 '하나님의 때'였다. 오직 하나님만, 여호와의 능력만을 의지하는 최적의 시간. 모세는 비로소 80세에 힘의 원리가 아닌, 그의 의와 열정도 아닌, 오직 여호와의 능력으로, 그분의 사랑에 붙들려 진짜 사명을 살아내기 시작했다.

그는 지독히도 완악한 바로에게 열 가지 재앙을 내리며 끝내 이스라엘을 건지신, 더 끈질기고 포기를 모르시는 전능하신 하나님의 능력과 사랑을 경험했다. 진퇴양난의 위기 속에서 믿음의 지팡이로 홍해를 가르신 기적의 하나님도 맛보았다. 약속의 땅 가나안에 들어가기까지, 하나님 말씀에 온전히 순종하는 '하나님의 백성'을 길러내기 위한 광야학교 수업에, 그는 이스라엘 백성의 목자로서 온전히, 맹렬히 쓰임 받았다. 실로 육이 죽고 영이 살아나는 40년이었다.

모세는 이렇듯 '40'의 축을 따라 변화하고 성장했다. 그의 삶을 디자인하고 이끌어가신 섭리를 살펴보니, 40이라는 숫자는 하나님께서 즐겨 쓰시고 중요하게 여기시는 '하나님의 숫자'인 것 같다.

우리가 시작한 40일 작정기도 역시, 하나님께서 우리 안에 변화와 성장을 이루시는 '하나님의 시간'이 되길 소망한다. 육신의 힘으로 쌓아 올린 것들이 주님 안에서 재해석되고, 오직 주님께 의뢰하고 공급받는 광야의 유익을 배우며, 길을 내시는 그분을 경험하고, 아버지의 뜻이 내 뜻보다 높아지는 시간이 되길 바란다.

Let's Pray

1 내 힘과 세상 기준을 따라 세운 가치관과 삶의 방식이 무너지길 기도합시다. 하나님의 뜻보다 세상 뜻을 흠모했던 것을 회개합시다.

2 말씀대로 사는 삶을 사모합시다. 하나님의 뜻이 내 뜻이 되고, 아버지의 기쁨이 내 기쁨이 되고, 아버지의 애통하심이 내 애통함이 되길 기도합시다.

3 지금 광야를 지나고 있나요? 사방이 가로막힌 듯한 문제 가운데 놓여있나요? 모세처럼 믿음의 지팡이를 들어 주님께 부르짖읍시다. 길을 여시고 건져주소서! 주님 안에서 누리는 진정한 기쁨과 안정감을 구합시다.

Prayer

하나님 아버지,

모세의 삶을 이끄셨듯이 제 삶도 이끌어주세요.

나일강에 던져져 죽을 운명이었던 모세를

주님께서 건지셨듯이 제게도 생명을 허락해주셨습니다.

제 삶에 베푸신 은혜를 기억하고 감사하며,

온 마음 다해 찬양하길 원합니다.

모세가 실패와 고난을 겪으며 그의 힘과 의가 무너졌듯이

저도 제 힘과 의를 내려놓습니다.

가시떨기 앞으로 모세를 찾아오셔서

새로운 사명을 주신 주님, 제게도 갈 길을 보여주세요.

지난 삶의 성공과 실패가 주님 안에서 정렬되어

아버지께서 기뻐하시는 삶을 살게 해주세요.

뒤로 바로의 군대가 쫓아오고, 앞으로 홍해가 가로막을 때

모세가 믿음의 지팡이를 들어 기도했듯이

저도 믿음으로 주님의 말씀을 선포하며 기도합니다.

40일 작정기도를 주님께 올려드립니다.

육이 죽고 영이 사는 믿음의 시간이 되어

하나님의 말씀을 살아내는 믿음의 사람으로 거듭나게 해주세요.

예수님의 이름으로 기도합니다, 아멘.

계시와 우상숭배로 갈린 40일

출애굽기 24장-32장

모세는 구름 가운데를 지나, 산 위로 올라가서, 밤낮 사십 일을 그 산에 머물렀다. 출 24:18

40일 동안, 하나님께서 모세를 가까이 부르셨다. 그를 대면하시며 그가 지어야 할 하나님의 성전에 대해 말씀하셨다. 어떻게 짓고, 누가 섬기며, 어떤 제사를 드려야 할지 아주 세세하게 말씀해주셨다. 그리고 하나님의 백성으로서 거룩하게 지켜야 할 율법을 두 돌판에 친히 새겨주셨다. 이스라엘 백성과 함께하시기 위한 주님의 아이디어였다. 그들과 더욱 가까워지고 싶은 아버지의 마음이고 사랑이었다.

한편 모세가 하나님을 대면한 40일 동안, 이스라엘 백성은 어떠했는가? 모세가 눈앞에 보이질 않자, 그를 통해 바라보던 하나님도 놓쳐버렸다. 육신의 눈으로 볼 수 없고 손에 잡히는 게 없으니 몹시 불안하고 공허했다. 결국 그 두려움을 견디지 못해 다른 신(우상)을 만들었다. 아론이 만들어준 금송아지 신상을 보자 백성들은 마음이 놓였다. 번쩍이는

금 신상 앞에서 먹고 마시고 노래하며 뛰놀았다. 마치 그것이 자신들을 지켜주고, 먹을 것과 입을 것을 공급해줄 신이라도 되는 듯 인간의 손으로 만든 금덩어리를 경배했다.

같은 40일 동안, 이스라엘 백성은 우상 앞에서 흥청망청 먹고 마시며 춤추었고, 모세는 하나님 앞에 머무르며 먹지도 마시지도 않았다. 이 땅에서 육신의 존재로 살아가는 인간은 우상을 탐닉했고, 하나님의 영을 따라 사는 믿음의 사람은 말씀에 붙들려 육신의 결핍도 초월했다.

우리도 겉으로는 자신이 하나님의 백성이라고 하면서, 실상은 혼과 육을 따라 살아간다. 안정감을 줄 대상으로 하나님이 아닌 우상을 만들어낸다. 물질, 명예, 관계, 강박, 음란, 탐심에 집착하며 기쁨과 안정감을 얻으려 한다. 그것이 사라질까 봐 온 힘을 다해 붙잡고, 사라지면 두려워서 견디질 못한다.

하지만 믿음의 사람은 하나님의 말씀을 양식 삼는다. 욕망과 탐심으로부터 자유롭다. 풍족하게 부어주시면 감사하고, 궁핍에 처해도 견뎌낸다. 오직 주님의 말씀을 붙든다. 하나님의 뜻이 그를 살게 한다. 말씀이 그 영혼에 힘을 부어주시며, 그는 말씀에 의지하여 살아간다(마 4:4).

모세도 그런 영의 사람이었다. 40주야를 먹지도 마시지도 않았지만, 하나님을 대면하여 그분의 말씀을 받을 때 얼굴에서 빛이 났다.

모세는 거기서 주님과 함께 밤낮 사십 일을 지내면서, 빵도 먹지 않고, 물도 마시지 않고, 언약의 말씀 곧 십계명을 판에 기록하였다. 모세가 두 증거판을 손에 들고 시내 산에서 내려왔다. 그가 산에서 내려올 때에, 그의 얼굴에서는 빛이 났다. 주님과 함께 말씀을 나누었으므로 얼굴에서 그렇게 빛이 났으나, 모세 자신은 전혀 알지 못하였다. 출 34:28,29

사람을 진정 빛나게 하는 것은, 육신의 힘이 아니라 영혼의 빛이다. 그 빛은 주님을 대면하는 자, 말씀을 믿으며 영혼이 그 말씀에 붙들린 자에게서 뿜어져 나온다. 바로 우리 주님의 거룩하고 아름다운 빛이다. 이는 감히 세상이 흉내 낼 수 없다. 그 영혼의 빛은 어둠 가운데 있는 다른 이들이 주님을 보게 하며, 그들을 아버지께로 이끈다.

우리도 모세처럼 하나님의 말씀을 참된 양식으로 삼고, 그 힘으로 살아가길 기도한다. 날마다 주님 가까이 나아가 그분을 바라보며, 주님의 거룩하고 아름다운 사랑이 삶 가운데 빛나길 소망한다.

1 두려움과 공허함 때문에 만들어낸 우상이 없는지 돌아보고(돈, 명예, 탐심, 관계, 강박, 음란 등) 그 우상을 통해 안정감과 기쁨을 누리려던 어리석음을 회개합시다. 즉시 돌이켜, 오직 주님 안에서 참 자유와 기쁨을 누리길 기도합시다.

---

2 하나님의 말씀만이 내 영혼의 양식입니다. 내 영혼에 힘을 주어 살게 합니다. 아래 말씀을 소리 내어 읽으며, 예수님의 말씀이 내 고백이 되기를 기도합시다.

예수께서 대답하셨다. "성경에 기록하기를 '사람이 빵으로만 살 것이 아니라, 하나님의 입에서 나오는 모든 말씀으로 살 것이다' 하였다." 마 4:4

3 내 영혼이 주님의 빛으로 빛나기를 기도합시다. 그 빛이 주변에 주님을 모르는 영혼에게 비춰져서 예수 그리스도를 증거할 수 있기를 기도합시다.

Prayer

제 영혼을 먹이시고,

살게 하시는 분은 오직 주님이십니다.

다른 헛된 것들로 채우려다가, 정작 생명의 근원이신

아버지를 놓치는 실수를 하지 않게 도와주세요.

육신의 정과 욕심의 더러운 것들을 이 시간 버립니다.

거부합니다. 예수님의 이름으로 내쫓습니다!

내 영혼아, 깰지어다! 주를 바랄지어다!

제 입술이 주님의 말씀을 읊조리게 하시고

제 영혼이 말씀을 먹어 강건해지게 해주세요.

하나님 아버지께서 주시는 참된 양식을

날마다 영혼의 양식으로 삼아

주님의 사람으로 자라나게 해주세요.

아버지께서 비춰주신 그 빛으로 다른 이에게

아버지의 사랑을 나누길 원합니다.

어둠 가운데 있는 영혼에게 주님의 빛을 비추게 해주세요.

길이요 생명이신 예수님을 전하게 해주세요.

제 영혼의 잔에 아버지의 사랑이 차고 흘러넘쳐

이웃에게 흘러가기를, 예수님의 이름으로 기도합니다, 아멘.

DAY 04

40일의 정탐

민수기 13장-14장

모세는 약속의 땅 가나안으로, 각 지파의 지휘관 한 사람씩, 12명의 정탐꾼을 파견했다. 그들은 40일간 그 땅을 둘러보고 돌아와 보고했다. 같은 시간, 같은 곳을 보았음에도 정반대의 의견으로 갈렸다. 먼저 10명이 입을 모아 말했다.

"과연 젖과 꿀이 흐르는 좋은 땅이긴 한데, 그 땅의 거주민은 강하고 성읍은 견고하며 많은 이방 사람이 산지와 해변과 요단 강가에 이미 살고 있더이다!"

비어있는 땅이 아니라서 바로 들어가 살 수 없다는 말이었다. 게다가 그곳 거주민이 강하다고 단언했다. 그들이 가나안의 '현실과 사실'을 말하는 듯했지만, 실은 그들 안의 '두려움과 낙심, 부정적인 생각'을 쏟아내고 있었다. 그때 이들과 의견을 달리한 2명 중 갈렙이 나서서 말했다.

갈렙이 모세 앞에서 백성을 진정시키면서 격려하였다. "올라갑시다. 올라가서 그 땅을 점령합시다. 우리는 반드시 그 땅을 점령할 수 있습니다." 민 13:30

그는 육신의 눈으로 본 것을 말하지 않고, 그들에게 주신 '하나님의 말씀'을 백성에게 상기시켰다. 말씀의 렌즈로 그 땅을 바라보니 두렵지 않았다. 하나님이 이루실 승리가 그려졌다.

갈렙의 힘있는 격려에도 나머지 10명은 더 강하게 주장했다.

그러나 그와 함께 올라갔다 온 사람들은 말하였다. "우리는 도저히 그 백성에게로 쳐 올라가지 못합니다. 그 백성은 우리보다 더 강합니다." 그러면서 그 탐지한 땅에 대하여 나쁜 소문을 퍼뜨렸다. 그들은 이스라엘 자손에게 그 땅에 대해 이렇게 말하였다. "우리가 탐지하려고 두루 다녀본 그 땅은, 그곳에 사는 사람들을 삼키는 땅이다. 또한 우리가 그 땅에서 본 백성은, 키가 장대 같은 사람들이다. 거기에서 우리는 또 네피림 자손을 보았다. 아낙 자손은 네피림의 한 분파다. 우리는 스스로가 보기에도 메뚜기 같았지만, 그들의 눈에도 그렇게 보였을 것이다." 민 13:31-33

심지어 그들은 그 땅을 악평했다. '축복의 땅'을 '저주의 땅'으로 폄하했다. 하나님의 약속을 무시하고, 육신의 눈과 귀로 보고 들은 것에 대한 불신만을 강력히 주장했다. 소위 '현타'(현실 자각 타임, 자기가 처한 실제 상황을 깨닫는 시간)가 온 거였다. 그들에게 하나님의 말씀이 무력하게 느껴졌다. 육신의 오감으로 느끼는 현실 세계가 더 크고 두려웠다.

더욱 안타까운 건, 이 12명이 각 지파의 우두머리이자 리더였다는 사실이다. 그중 갈렙과 여호수아만이 언약의 말씀을 더욱 견고히 붙들며 승리를 선포했고, 나머지는 현실에 압도되어 두려움에 압사 당할 지경이었다. 이 두려움은 이스라엘 백성 전체에 번졌다. 몸은 출애굽 했지만, 영혼은 여전히 애굽에 사로잡혀 있던 이들에게 두려움이란 전염병이 무섭게 퍼졌다. 그래서 집단적으로 밤새 애굽으로 돌아가자고 짐승처럼 부르짖었다.

아, 하나님 아버지의 마음이 얼마나 아프셨을까. 이스라엘 백성을 종살이하던 애굽에서 꺼내 와 왕 같은 하나님의 자녀로 살게 하려고 축복의 땅 앞으로 옮겨 왔건만, 그들에게서 육신의 생각이 끊어지질 않았다. 그래서 하나님을 오해하고, 되려 하나님과 모세에게 원망을 쏟아놓는 모습이 참담하기까지 하다(민 14:1-4).

하지만 갈렙과 여호수아의 말은 달랐다.

"우리가 탐지하려고 두루 다녀본 그 땅은 매우 좋은 땅입니다. 주님께서 우리를 사랑하신다면, 그 땅으로 우리를 인도하실 것입니다. 젖과 꿀이 흐르는 그 땅을 우리에게 주실 것입니다. 다만 여러분은 주님을 거역하지만 마십시오. 여러분은 그 땅 백성을 두려워하지 마십시오. 그들은 우리의 밥입니다. 그들의 방어력은 사라졌습니다. 주님께서 우리와 함께 계시니, 그들을 두려워하지 마십시오." 민 14:7-9

그들은 주님이 약속하신 말씀을 붙들고 그 땅을 바라보았다. 그러자 그 땅이 심히 아름다웠다. 크고 견고한 성읍도, 그 땅의 백성도 두렵지 않았다. 오직 모든 것 위에 크신, 왕 되신 하나님을 통해 세상을 바라보니 담대했고, 기쁨과 기대가 흘러넘쳤다.

그들에게는 말씀이 '실상'이었다. 그 결과 믿음의 두 사람은 말씀을 향한 믿음대로 약속의 땅을 밟았고, 헤브론을 정복하는 은혜를 누렸다. 반면에 하나님의 말씀이 아닌 눈에 보이는 걸 믿은 자들은 결국 그 믿음대로, 그들이 말한 대로 약속의 땅에 들어가지 못하고 광야에서 모두 죽고 말았다.

우리 삶에도 때로 '현타'가 온다. 마음이 눌리고, 낙심한다. 오감으로 느껴지는 현실이 너무도 커 보이고, 자신이 한없이 작아 보인다. 두렵고 막막하고 숨이 턱 막힌다. 그럴 땐 하나님의 말씀이 삶에 풀어지질 않는다. 하지만 안심하라. 그 두려움은 진짜가 아니다. 원수의 속임이다. 우리를 겁박하는 종이호랑이일 뿐, 예수 그리스도 안에서는 아무 힘이 없는 종이 쪼가리에 불과하다.

그럴 때는 얼른 시선을 돌려 '말씀의 안경'을 써야 한다. 말씀이 실상이 되도록 '믿음의 안경'을 써야 한다. 우리의 거짓된 육의 생각이 영의 생각을 이기도록 내버려 둬서는 안 된다. 갈렙처럼 하나님의 말씀의 렌즈로 삶을 바라보자. 입술로 믿음의 말을 선포하자. 그 말씀대로, 말한 대로 아버지께서 길을 내실 것이다.

Let's Pray

1 10명의 정탐꾼이 쏟아냈던 불평과 두려움이 내게도 있나요? 나를 짓누르는 문제들을 하나님 앞에 솔직하게 털어놓으며 문제보다 크신 하나님을 믿는 믿음을 구합시다.

2 아래 말씀을 내 영혼이 듣도록 소리 내어 선포합시다. 이 말씀이 나를 향한 하나님의 음성임을 굳게 믿고 기도합시다.

두려워하지 말라 내가 너와 함께함이라 놀라지 말라 나는 네 하나님이 됨이라 내가 너를 굳세게 하리라 참으로 너를 도와주리라 참으로 나의 의로운 오른손으로 너를 붙들리라 사 41:10 개역개정

3 위 이사야서 말씀을 통해 삶의 문제를 바라봅시다. 어려움 가운데서 나를 건지시고, 길을 내시는 주님만 의지하며 기도합시다!

Prayer

하나님,

가나안 땅을 정탐한 두 부류의 사람 중

저는 어느 부류에 속하는지 돌아봅니다.

여전히 제가 붙들고 있는

애굽의 관습과 유혹을 뿌리치길 원합니다.

갈렙처럼 주님의 말씀을 붙들고 담대히 나아가게 해주세요.

아버지의 말씀으로 삶의 문제를 바라보는

새로운 시선을 열어주세요. 믿음의 눈이 열릴지어다!

이 세상을 다스리시는 심히 크고 놀라우신 아버지를 바라봅니다.

죽음의 권세를 이기신 예수님의 이름을 찬양합니다.

성령님, 제 생각과 마음을 다스려주세요.

갈렙과 여호수아처럼 아버지를 기쁘시게 하는

믿음의 말을 올려드리는 제 입술이 되길 선포합니다!

예수님의 이름으로 기도합니다, 아멘.

DAY 05 사명을 향한 40일

열왕기상 17장-19장

엘리야는 일어나서, 먹고 마셨다. 그 음식을 먹고, 힘을 얻어서, 밤낮 사십 일 동안을 걸어, 하나님의 산인 호렙 산에 도착하였다. 왕상 19:8

엘리야는 하나님의 산, 호렙에 올라 주님을 간절히 찾으며 애달프게 절규했다. 그 이유를 열왕기상 17-18장에서 살펴보자.

하나님께서 엘리야를 아합 왕 앞에 세우셨다. 엘리야의 말이 없으면 수년간 비도 이슬도 내리지 않을 거라고 선포하게 하셨다. 그러고는 그를 요단 앞 그릿 시냇가에 숨기셨다. 아침저녁마다 까마귀가 떡과 고기를 물어다 주었고, 그는 시냇가의 물로 목을 축였다. 하지만 이내 말씀하신 대로 땅에 비가 내리지 않아 시냇물까지 말라버리자, 주님은 엘리야를 다음 미션 장소인 시돈의 사르밧으로 이끄셨다.

엘리야는 순종하여 이방 땅으로 갔다. 사르밧 성문에 이르자 땔감을 줍는 한 과부를 만났다. 아들과 마지막 남은 밀가루 한 줌으로 음식을 만들어 먹고 죽으려던 그녀에게 엘리야는 주의 말씀을 의지하여 청했다.

"두려워하지 말고 가서, 먼저 나를 위해 작은 떡 한 개를 만들어 가져오고, 그 후에 그대와 아들이 먹을 음식을 만드시오. 이스라엘의 하나님 여호와께서 '나 여호와가 비를 지면에 내리는 날까지 그 통의 가루가 떨어지지 않고 그 병의 기름이 마르지 않을 것이다'라고 말씀하셨습니다."

이해할 수도, 믿기도 어려운 이 말씀을 과부는 믿음으로 행했다. 그러자 말씀대로 여러 날 동안 가루와 기름이 떨어지지 않았다. 이 대목에서 "너희는 먼저 그의 나라와 그의 의를 구하라"(마 6:33)라고 하신 예수님의 말씀이 떠오른다. 눈앞의 문제에 함몰되지 않고, 먼저 그의 나라와 의를 구할 때 오히려 그 문제를 초월하게 하시는 주님이시다.

무리한 요구 같아 보였지만, 사르밧 과부는 자신의 문제에서 눈을 들어 선지자의 말씀을 듣고, 그가 전하는 하나님의 뜻을 믿음으로 따르는 용기를 냈다. 그러자 스스로 해결할 수 없는 문제에 놀라운 응답을 받았고, 자신도 모르게 하나님의 일에 쓰임 받았다.

이처럼 엘리야는 하나님의 때까지 오래 참고 견디어, 드디어 갈멜산 전투로 멋지게 나아갔다. 450 대 1의 싸움은 마치 영화의 장렬한 클라이맥스처럼 하나님의 놀라운 역사를 드러냈다. 엘리야가 이스라엘 백성 앞에 선포했다.

"너희가 어느 때까지 둘 사이에서 머뭇머뭇하려느냐? 만일 여호와가 하나님이면 그를 따르고, 만일 바알이 하나님이면 그를 따르라!"

그러고는 바알 숭배자들에게 먼저 기회를 주었다. 그들은 열과 성을 다해 부르짖을 뿐 아니라 자기들의 몸을 상하게 하며 피가 흐르도록 미친 듯이 날뛰었지만, 아무 응답이 없었다.

드디어 엘리야의 차례. 그는 무너진 여호와의 제단을 다시 세우고, 수 차례 제단 위와 도랑까지 물로 흠뻑 적셨다. 그리고 하나님을 향해 기도 하자 "주님의 불이 떨어져서, 제물과 나뭇단과 돌들과 흙을 태웠고, 도 랑 안에 있는 물을 모두 말려버렸다"(왕상 18:38)! 할렐루야!!

온 백성이 이를 보고 바짝 엎드리며 "여호와는 하나님이시로다!" 하고 고백했다. 이후 바알 숭배자 450명은 처단됐고, 갈멜산 꼭대기로 올라 가 간절히 엎드린 엘리야의 기도에 드디어 비가 쏟아져 내렸다. 하나님 께서 말씀하셨던 그대로 되었다.

마차를 타고 언짢은 얼굴로 돌아가는 아합 왕을 앞질러, 비를 흠뻑 맞으며 달려간 엘리야는 얼마나 기쁘고 벅찼을까! 자신을 통해 하나님 의 살아계심과 놀라운 역사가 펼쳐지다니, 얼마나 영광스럽고 감사했을 까! 지난 세월의 눈물과 힘듦이 모두 씻겨 내려가는 기분이었으리라.

그렇게 새날을 맞이한 엘리야에게 한 소식이 들려왔다. 무수한 이스라 엘 백성 혹은 아합 왕이 회개하고 주께로 돌이켰다는 소식이 아니었다. 이세벨의 사신이 찾아와 말했다.

"내일 이맘때까지 반드시 네 생명을 저 죽임당한 바알 선지자들 중 한 사람의 생명과 같게 하겠다."

엘리야의 마음이 무너져 내렸다. 그는 이세벨을 피해 광야로 도망쳤 고, 광야 한복판 로뎀나무 아래에 주저앉았다. 전날과는 전혀 다른 모 습으로 주님께 신음하듯 내뱉었다.

"주님… 제가 죽기를 원합니다. 제 생명을… 거둬주십시오. 저는 제 조상보다 조금도 나을 게 없습니다."

그러고는 정말 죽은 사람처럼 쓰러져 잠들었다. 그는 지난날들이 허무했을 것이다. 분명 주님과 함께 놀라운 길을 걸어왔는데, 사명을 향해 힘써 달려왔는데, 그 시간이 무효하게 느껴졌을 것이다.

그때 여호와의 천사가 나타나 지친 그를 어루만지며 머리맡에 떡과 물 한 병을 놓아두고 "일어나서 먹어라"라고 했다. 엘리야는 일어나 먹고 마시는 듯하더니 다시 잠들었다. 여호와의 천사가 또다시 와서 그를 어루만지며 "일어나 먹어라. 갈 길이 아직도 많이 남았다"라고 했다. 이에 엘리야가 일어나서 먹고 마셨고, 힘을 얻어 밤낮 40일을 걸어가 하나님의 산, 호렙에 이르렀다.

어두웠던 아합 왕의 시대였지만, 하나님께서는 여전히 자기 백성을 포기하지 않으시고 엘리야를 통해 구속 사역을 계속 이뤄가고자 하셨다. 사탄은 그를 넘어뜨리고자 부단히 애썼다. 갈멜산 전투 이후 이세벨을 통해 엘리야에게 제대로 한 방을 날렸다. 하지만 주님께서는 쓰러진 엘리야를 신실하게 돌보시고 다시 일으키셨다. 엘리야가 좌절감에 눌리도록 버려두지 않으셨다. "갈 길이 아직도 많이 남았다"라는 천사의 말처럼, 그가 사명의 길을 끝까지 완주하도록 '하나님께서 어떻게 일하고 계신지'와 '그가 한 일들이 결코 헛되지 않음'을 알게 하셨다(엘리야에게 큰 소리치며 그를 실족시켰던 이세벨과 아합 왕 그리고 사탄의 말로를 우리는 알지 않는가).

절체절명의 시간, 주님께서는 엘리야를 다시 일으키시어 40일을 통과하게 하신다. 그리고 그를 대면하여 사명의 마지막 시즌을 허락하신다. 호렙산에서 하나님을 마주한 엘리야는 아직 바알에게 무릎 꿇지 않은

7,000명의 동역자가 있음을 알게 된다. 그리고 다음세대를 세우는 임무를 부여받는다. 아람의 차기 왕 하사엘에게 기름을 붓고, 이스라엘의 아합 왕을 대신하여 세워질 예후에게 기름을 부으며, 자기 뒤를 이을 선지자 엘리사를 지명하여 부른다. 그는 이 사역을 통해 하나님은 결코 포기하지 않으시며, 세상을 다스리는 주권 역시 여전히 그분께 있음을 알았다.

살다 보면, 엘리야처럼 지칠 때가 있다. 지금껏 주님을 사랑해서 쏟아부은 열심과 충성이 의미 없는 것처럼 느껴질 때도 있다. 하지만 진리가 아니다. 원수의 속임이다. 주님은 세상 끝날까지 우리 손을 놓지 않으신다.

예수께서 무덤에 장사되셨을 때, 제자들의 마음은 혼란과 두려움에 빠져 모든 게 끝나버린 듯했다. 하지만 그때가 그들의 육이 죽고, 영이 깨어나는 시간이었다. 그전까지 예수님이 다시 사실 것을 누누이 말씀하셨지만, 제자들은 육의 생각에 갇혀 믿지도 이해하지도 못했다. 그들은 예수님이 무덤에 계셨던 사흘 동안 자신들도 무덤에 들어가는 심경이었을 것이다. 하지만 부활하신 예수님을 만나고, 성령님이 오시면서 완전한 영의 사람으로 거듭났다. 이후 사도행전을 보면, 그 어떤 시련, 겁박, 고난도 그들을 꺾지 못했다. 그들을 통해 열방에 복음이 전해졌다.

우리도 예수님 안에서 다시 일어날 수 있다. 원수는 절대 우리를 영원히 넘어뜨릴 수 없다. 예수님이 이미 이기신 싸움이기 때문이다(요 16:33). 오직 그분 안에서 진리를 붙들고, 성령충만으로 살아내자. 육이 죽고 영이 사는, 세상이 감당할 수 없는 믿음의 사람으로서 사명을 완주하자.

Let's Pray

1 엘리야처럼 지쳐버렸나요? 주님을 따르려 애쓰는 삶이 허무하게 느껴지나요?
  원수가 심어주는 생각의 공격과 참소에 귀를 닫고, 다시 주님을 바라봅시다.
  주님과의 첫사랑이 회복되기를 기도합시다.

  _____

  _____

  _____

2 사르밧 과부처럼, 삶의 문제에 함몰되지 말고 눈을 들어 주님을 주목합시다.
  내게 말씀하시는 주님의 음성에 잠잠히 귀 기울입시다. 아래 말씀을 선포하
  며, 믿음으로 순종해야 할 영역을 기도로 구합시다.

  너희는 먼저 하나님의 나라와 하나님의 의를 구하여라. 그리하면 이 모든 것을 너희
  에게 더하여주실 것이다. 마 6:33

  _____

  _____

  _____

3 주님의 위로와 사랑, 먹이고 입히심이 절실히 필요한 영역이 있나요? 사명을
  향해 힘차게 달려갈 수 있도록 주님의 도우심을 간절히 구합시다.

  _____

  _____

  _____

Prayer

살아계신 하나님,

제 삶에 신실하게 부어주셨던

은혜와 기적과 공급하심을 기억합니다.

그 기쁨과 감격과 은혜를 되새기며

이 힘든 시간을 인내하게 해주세요.

아버지, 제 마음이 지쳤습니다. 저를 어루만져 주세요.

엘리야를 만나주셨던 것처럼 제게도 찾아와 주셔서

지쳐 쓰러진 제 영혼을 소생시켜 주세요.

내 영혼아, 주님을 바랄지어다. 일어날지어다!

주님이 부어주신 힘으로 40일을 달려가게 하소서.

그리하여 여호와의 산에 올라 주님이 주시는

사명을 받고 이루게 하소서.

엘리야가 호렙산에서 주의 뜻을 마음에 받았던 것처럼

저도 기도 가운데 주님의 세미한 음성을 듣고

마음에 깊이 새기게 해주세요.

주님과 끝까지 동행하며 사명의 길을 완주하는

복되고 영광스런 인생이 되길 소망합니다.

예수님의 이름으로 기도합니다, 아멘.

DAY 06

40일 후의 심판

요나서 1장-4장

요나는 그 성읍으로 가서 하룻길을 걸으며 큰소리로 외쳤다. "사십 일만 지나면 니느웨가 무너진다!" 욘 3:4

하나님의 말씀이 선지자 요나에게 임하셨다.

"너는 어서 저 큰 성읍 니느웨로 가서 외쳐라. 그들의 죄악이 내 앞에까지 이르렀다고 말이다!"

하지만 요나는 다시스로 도망갔다. 니느웨는 앗수르에 속한 성읍으로, 앗수르와 이스라엘은 원수지간이었기 때문이다. 그는 원수인 민족에게 회개를 촉구하는 하나님의 말씀을 전하고 싶지 않았다. 하지만 주님은 그를 끝까지 찾으셨다.

요나가 탄 다시스로 가는 배가 목숨을 위협하는 무시무시한 풍랑을 만났다. 사공들은 두려워하여 저마다 믿는 신에게 부르짖었고, 물건을 바다에 던지며 배를 가볍게 하는 등 할 수 있는 모든 걸 했지만, 배는 부서지기 일보직전이었다. 선장은 그 난리통에 배 밑층에서 잠든 요나를 깨웠다. 그러고선 누구 때문에 이 재앙이 임했는지 제비뽑기로 알아보았다. 신통하게도 요나가 뽑혔다. 사람들은 그에게 따져 묻기 시작했다. 뭘 하는 사람이며, 어디서 왔으며, 어느 나라, 어느 민족에 속했냐고.

요나가 대답했다.

"나는 히브리인으로, 하늘에 계시고 바다와 육지를 지으신 주 하나님을 섬기는 사람이오. 지금 나는 주님의 낯을 피해 달아나고 있소."

그때 파도가 점점 더 거세게 일었다. 요나가 외쳤다.

"나를 들어 바다에 던지시오. 나 때문에 이 태풍이 당신들에게 닥쳤다는 걸 나도 알고 있소."

결국 사람들은 주님을 부르며 기도했다.

"주님, 빕니다. 우리가 이 사람을 죽인다고 해서 우리를 죽이지는 말아주십시오. 주님께서는 뜻하시는 대로 하시는 분이니, 우리에게 살인죄를 지우지 말아주십시오!"

그리고 요나를 들어 바다에 던지자, 날뛰던 파도가 잔잔해지고 폭풍이 일던 바다에 평화가 찾아왔다. 사람들은 더 크게 떨며 주님을 매우 두려워하게 되었다. 이 일로 그들은 주님께 희생제물을 바치고서 주님을 섬기기로 약속했다. 요나가 달아나는 와중에도 주님께서는 자신을 계시하시고, 자신의 사람을 찾아내시며, 이를 통해 하나님을 모르던 이들까지도 살아계신 하나님을 맛보아 알게 하셨다.

주님이 미리 마련하신 큰 물고기가 바다에 던져진 요나를 삼켰다. 물고기 배 속, 그 깊고 낮은 곳에서 요나는 가난한 심령이 되어 주님께 기도했다.

"주 나의 하나님, 주님께서 그 구덩이 속에서 제 생명을 건져주셨습니다. 제 목숨이 힘없이 꺼져갈 때 주님을 기억하였더니, 제 기도가 주님 계신 성전에까지 이르렀습니다. 저는 감사의 노래를 부르며, 주님께 희생제물을 바치겠습니다. 서원한 것은 무엇이든 지키겠습니다. 구원은 오직 주님에게서만 옵니다."

요나가 생명의 주관자시며 자기 삶에 소명을 주신 하나님을 다시 떠올리며 고백하자, 주님이 물고기에게 명하셔서 요나를 육지에 뱉어내게 하셨다. 마침내 그는 자기 소견으로는 가고 싶지 않던 니느웨 성 앞에 서서 심판의 말씀을 선포하기 시작했다.

"40일이 지나면 여호와께서 니느웨를 무너뜨리실 것이다!"

하지만 사흘 동안 걸어야 다 돌 수 있는 성읍을 단 하루만 다녔다. 온전히 수행하지 않았다는 얘기다. 요나의 속마음은 이랬을지 모른다.

'이 선포를 듣고 회개하는 자가 정말 나타나면 어쩌지? 그러면 안 되지. 니느웨는 반드시 멸망해야 해!'

그러나 그의 염려보다 훨씬 더 놀라운 일이 일어났다. 어마어마한 회개의 물결이 온 나라를 뒤덮은 거였다. 니느웨 백성은 요나가 선포한 하나님의 말씀을 믿고 순종함으로 금식을 선포했다. 빈부귀천을 막론하고, 짐승부터 임금까지 굵은 베옷을 입고 잿더미에 앉아 자기 죄를 회개했다. 그야말로 거국적인 회개 운동이 일어나 니느웨 온 백성이 하나님께 부르짖었다.

하나님께서는 그들이 악한 길에서 돌이켜 하나님을 경외하며 나아오는 걸 보시고, 재앙을 거두고 용서하기로 하셨다. 이 놀라운 회개 운동과 하나님의 긍휼하심에 대해 통로로 쓰임 받았던 요나의 반응이 성경에 다음과 같이 기록되어 있다.

요나는 이 일이 매우 못마땅하여, 화가 났다. 욘 4:1

그가 주님께 따져 물었다.

"주님, 제가 서둘러 다시스로 도망간 것도 이 때문이었어요. 주님은 은혜로우시고 자비로우시고 노하기를 더디 하시며 사랑이 한없는 분이셔서, 결국 재앙을 내리지 않으실 줄 알았다고요! 차라리 제 생명을 거둬 가세요. 이렇게 사느니, 죽는 게 낫겠습니다!"

요나서에서도 하나님의 말씀이 선포되고 40일 동안, 서로 다른 두 처지로 극명하게 갈리는 것을 볼 수 있다. 멸망의 위기 앞에 놓였던 죄인들은 깊이 회개함으로 구원을 얻었고, 하나님의 말씀을 전한 의인 요나는 잔뜩 성내며 죽기를 바라는 불행에 갇혔다.

요나의 말대로 멸망 당해 마땅한 니느웨 백성들은 하나님의 말씀 앞에 그들의 육신이 멸망 당했다. 죄가 주장하던 육의 생각과 행동, 죄로 점철되었던 삶을 하나님 앞에 내려놓고 돌아섰다. 그러면서 하나님을 경외하는 마음의 중심이 열렸고, 하나님의 주권을 인정하는 믿음과 영의 생각이 살아났다. 그랬기에 하나님께서는 그들에게 내리고자 했던 재앙을 거두셨다. 그분이 정말로 멸하고자 하셨던 건, 그들의 죄로 물든 육의 생각이었기 때문이다.

반면에 하나님의 말씀을 전하는 선지자였던 요나는, 하나님의 의보다 자기 의를 더 옳게 여겼다. 자신의 원함이 더 컸다. 그래서 하나님이 행하신 일이 이해되지 않았다.

우리의 의가 하나님의 의보다 높을 수 없다. 우리의 생각이 하나님의 생각보다 지혜로울 수 없다. 우리의 선을 하나님의 선에 견줄 수 없다. 요나처럼 감히 입 밖에 꺼내지 못하더라도, 우리의 숨은 마음에 그런 주장과 불평이 똬리를 틀 때가 있다. 이것이 육의 생각이다. 이를 자라게 놔두면, 어느새 주님과 멀어진다. 설령 기도 자리에 나아가도, 영이신 하나님과 소통이 안 되고, 육의 생각만 묵상하다가 미지근한 기도 시간으로 끝나버릴 수 있다.

간혹 작정기도를 마치면서 기도 제목이 응답받지 못해, 전보다 주님과 멀어지는 경우가 있다. 그가 기도 자리에서 만난 분은 누구였을까? 그가 기도한 건 무엇이었을까? 자신이 원하는 걸 강하게 곱씹으며 그 기도 제목의 응답이 하나님의 자리를 대신해버렸거나, 자기가 원하는 하나님이 보이질 않자 실망하여 그분을 멀리한 게 아닐까? 물론 주님께 간절한 소망을 아뢸 수 있다. 주님은 기꺼이 들어주신다. 하지만 그 소망이 주님에게서 온 게 아니면 반드시 수정되어야 한다.

주님 앞에 나아가는 40일 동안 내 육이 죽고, 영이 살아나길 먼저 기도하자. 하나님의 선하시고 온전하시고 기뻐하시는 뜻이 내 심령에 부어지길 간구하자. 비록 내 소망과 다르게 삶이 흘러가더라도, 미처 몰랐던 주님의 더 깊고 선하신 뜻이 발견되는 시간이 되길 소망하자.

Let's Pray

1 하나님의 뜻을 이해할 수 없거나 오해해서 그분과 거리를 두진 않았나요? 하나님의 의보다 내 의를, 하나님의 생각보다 내 생각을, 하나님의 선하심보다 내 선을 주장하진 않았나요? 예수님 안에서 육의 생각이 죽고, 영의 생각이 살아나기를 간구합시다.

_____

_____

_____

2 나를 향한 하나님 아버지의 선하시고 기뻐하시고 온전하신 뜻이 무엇인지를 구합시다. 내 마음이 아버지 마음에 합해지길 기도합시다.

_____

_____

3 간절히 구하는 기도 제목이 있다면, 주님의 뜻대로 응답되길 기도합시다. 내 생각은 내려놓게 하시고, 아버지의 뜻을 보여주소서!

_____

_____

_____

Prayer

아버지, 화가 나고 이해되지 않고 혼란스럽습니다.

아버지께 서운함이 올라옵니다. 두려움과 미움이

제 마음을 주장하려 합니다. 저를 불쌍히 여겨주세요.

제 시선에 갇혀 주님을 오해하지 않게 해주세요.

주님의 뜻은 언제나 제 뜻보다 높고,

자비로우며, 깊고, 선하심을 믿습니다.

지금 제 눈이 어두워 그 뜻을 볼 수 없을지라도

주님을 원망하고 멀리하는 어리석음을 범하지 않게 하소서.

나를 육신적 생각에 가두어 주님을 대적하게 만들고

슬픔과 분노에 사로잡히게 하는 어둠의 세력은

예수님의 이름으로 선포하노니 떠나가라!

주님은 나를 사망에서 건지시는 분입니다.

제 영의 눈을 여셔서 참사랑이신 아버지를

바라보게 해주세요. 주님의 뜻을 가르쳐주세요.

예수 그리스도의 사랑을 깊이 묵상하게 해주세요.

주님의 뜻 아래, 참 평안을 누리길 원합니다.

예수님의 이름으로 기도합니다, 아멘.

DAY 07

40일 광야 시험

마태복음 4:1-11, 누가복음 4:1-13

예수께서 성령으로 가득하여 요단강에서 돌아오셨다. 그리고 그는 성령에 이끌려 광야로 가셔서, 사십 일 동안 악마에게 시험을 받으셨다. 그동안 아무것도 잡수시지 않아서, 그 기간이 다하였을 때에는 시장하셨다. 눅 4:1,2

예수님이 이 땅에서 사역을 시작하실 시점에, 40일간 금식하며 기도하셨다. 첫 사람 아담은 마귀의 시험에 걸려 넘어졌지만, "마지막 아담"이신 예수님은 시험을 넉넉히 이기셨다.

성경에 "첫 사람 아담은 산 영이 되었다"고 기록한 바와 같이, 마지막 아담은 생명을 주시는 영이 되셨습니다. 그러나 신령한 것이 먼저가 아닙니다. 자연적인 것이 먼저요, 그다음이 신령한 것입니다. 첫 사람은 땅에서 났으므로 흙으로 되어 있지만, 둘째 사람은 하늘에서 났습니다. 흙으로 빚은 그 사람과 같이, 흙으로 되어 있는 사람들이 그러하고, 하늘에 속한 그분과 같이, 하늘에 속한 사람들이 그러합니다. 고전 15:45-48

예수님은 육신을 입으셨지만, 인간의 육신이 아닌 하나님의 영, 곧 성령으로 잉태되셨다. 그러한 하나님의 아들이 이 땅에서 인간이 어떻게 살아내야 하는지 몸소 본을 보여주셨다. 육신을 입고 있지만 하늘에 속한 자로서 육이 아닌 영으로 사는 삶이 무엇인지 알려주셨다.

그분은 공생애 사역을 시작하실 때, 세례 요한에게 세례를 받고 성령의 충만함을 입으셨다. 그런데 성령께서 예수님을 처음 이끄신 곳은 다름 아닌 '광야'였다. 아무것도 없는 곳, 의지할 데 없고, 오직 하나님만 바라보게 되는 곳에서 예수님은 40일간 금식하셨다. 그때 마귀가 나타나 예수님을 시험했다.

"네가 하나님의 아들이거든, 이 돌더러 떡덩이가 되라고 명령해봐라."

예수님의 육신은 몹시 주리고 배고픈 상태였다. 마귀가 그 육신의 연약함을 찌른 거였다. 게다가 "네가 하나님의 아들이거든"이라는 전제 조건을 달았다. 만일 못 한다면, 하나님의 아들이 아니라는 얘기였다. 사악한 심리전이었다.

하나님의 자녀인 우리에게도, 삶의 광야를 지날 때 같은 유혹이 찾아온다. 마귀는 내가 유독 주리고 갈망하는 영역을 파고들며 그것을 하나님께 받아내라고 종용한다. 우리를 시험하고 몰아붙이며 넘어뜨리려 한다. 이때 어떻게 빠져나올 수 있을까? 예수님이 그 해답을 몸소 보여주셨다.

예수께서 대답하셨다. "성경에 기록하기를 '사람이 빵으로만 살 것이 아니라, 하나님의 입에서 나오는 모든 말씀으로 살 것이다' 하였다." 마 4:4

떡을 먹어야만 살 것 같은 육신의 결핍 앞에서 예수님은 돌을 떡으로 바꾸는 기적이 아닌 하나님의 말씀을 영혼에 먹이는 영적인 일을 택하셨다. 하나님의 말씀만이 육신의 결핍과 갈증을 해소하는 참된 양식이요 진정한 능력이기 때문이다.

그러나 마귀는 물러서지 않고 또다시 덤볐다. 예수님에게 천하만국을 보이며, 만일 자기에게 절하면 이 모든 권위와 영광을 주겠다고 회유했다. 안목의 정욕, 이생의 자랑을 부추겼다. 게다가 거짓의 아비인 마귀는 모든 게 자기 것인 양 너스레를 떨며 하나님 흉내를 냈다.

마귀는 우리 육신의 눈을 사로잡아 안목의 정욕을 자극하며 이생의 자랑 욕구를 잔뜩 불러일으켜 마음을 빼앗으려 한다. 마치 그 모든 걸 채워줄 능력이 맘몬, 곧 이 세상 신에게 있는 것처럼 속인다. 그런 시험 앞에서 우린 예수님처럼 선포해야 한다.

"사탄아, 물러가라. 성경에 기록하기를 '주 너의 하나님께 경배하고, 그분만을 섬겨라' 하였다." 마 4:10

하나님만이 세상의 모든 권세와 능력을 다스리신다. 마치 원수에게 그럴 능력이 있는 것처럼 보여도, 그에게서 나오는 건 사라지는 안개나 불 붙은 숯과도 같다. 그러니 거짓의 아비가 뿌려놓은 뻔한 술수에 눈이 멀어서는 안 된다. 예수 그리스도의 이름으로 원수를 꾸짖고, 오직 하나님만 경배하고 섬기기로 결단해야 한다.

원수는 끈질기게 예수님을 시험했다. 여전히 정신을 못 차리고 마지막으로 예수님을 성전 꼭대기에 세우고는 뛰어내려 보라며 무리한 기적을 요구했다. 그러면서 또 "네가 하나님의 아들이거든"이라는 전제를 달았다. 그럴싸해 보이는 말씀 구절까지 인용했다. 마치 이렇게 말하는 것과 같았다.

"로또 1등을 구해! 전능하신 하나님이 네 아버지면, 네가 이렇게 어려운데 대박을 터트려주시지 않겠어? 성경에도 '구하라 그리하면 주실 것이요'라고 하셨잖아!"

하나님의 선하신 성품과 의로운 방법보다는 인간적이고 무례한 요구를 쏟아내게끔 마음에 속살거린 것이다. 이에 예수님은 단순하지만 단호하고도 위엄 있게 "주 너의 하나님을 시험하지 말아라"라고 답하셨다.

우리도 예수님처럼 할 수 있으면 좋겠다. 아니, 할 수 있다. 예수님이 먼저 본을 보이셨고, 십자가를 통해 우리를 주장하던 육신의 죄를 멸하셨기 때문이다. 그리고 예수님의 영이신 성령을 보내주시며 그분처럼 살아갈 힘을 넉넉히 공급하신다.

40일의 광야 시험을 통과하신 예수님은 우리가 어떻게 육을 이기고 영으로 살아낼지를 알려주신다. 이 말씀을 붙들고 묵상하며, 때마다 찾아오는 원수의 시험을 예수님처럼 거뜬히 날려버리는 자랑스런 자녀의 삶을 살자!

1 외롭고 두려운 광야를 지나고 있나요? 오직 주님을 바라보며, 나를 붙드시고, 이끄시고, 살게 하시는 주님을 경험하게 해달라고 기도합시다. 광야가 주님과 동행하는 축복의 시간임을 믿음으로 선포합시다.

_____

_____

_____

2 아래 말씀을 입술로 선포하며, 마귀의 시험을 물리칩시다.

- 삶의 결핍과 어려움 앞에서 : 사람이 떡으로만 살 것이 아니요 하나님의 입으로부터 나오는 모든 말씀으로 살 것이라 마 4:4 개역개정

- 불평, 불만, 낙심 등 부정적인 생각이 틈탈 때 : 사탄아 물러가라 기록되었으되 주 너의 하나님께 경배하고 다만 그를 섬기라 마 4:10 개역개정

- 육의 생각이 가득하여 하나님의 뜻을 넘어서려 할 때 : 주 너의 하나님을 시험하지 말라 눅 4:12 개역개정

3 가족, 친구, 주변 영혼들 가운데 광야를 지나고 있는 이들을 떠올려봅시다. 그들이 마귀의 시험을 물리치고 하나님의 뜻을 따라갈 수 있도록 기도합시다.

_____

_____

_____

사랑하는 예수님,

하나님의 자녀로서 어떻게 살아야 할지를

몸소 보여주셔서 감사해요.

예수님의 지혜와 하나님 아버지를 향한 신뢰를 배우길 원합니다.

예수님의 위엄과 평안과 온유와 겸손과 사랑을 제게 부어주세요.

광야를 지나며 하나님의 말씀을 먹고 제 영혼이 배부르길 원합니다.

이 시간을 통해 제 영혼을 진정 만족시키는 분은

오직 아버지이심을 깨닫게 해주세요.

풍부와 궁핍에도 처할 줄 아는 일체의 비결을 배우게 해주세요.

안목의 정욕과 육신의 정욕, 이생의 자랑에 이끌려

주님과 멀어졌던 걸 회개합니다.

나를 유혹하는 원수 마귀는 예수님의 이름으로 물러가라!

아버지를 시험하는 미혹에 빠지지 않게 하시고

승리하게 하시는 주님만을 신뢰하겠습니다.

주님만이 제 힘이시며, 공급자시며,

피할 바위시며, 방패시며, 반석이심을 고백합니다!

예수님의 이름으로 기도합니다, 아멘.

Part 2.

영의 사람,
육의 사람

DAY 08

두 계보,
아벨(셋) vs 가인

지금부터는 성경 속 '영의 사람'과 '육의 사람'을 비교하며, 우리가 나아갈 삶의 방향을 묵상하려 한다. 먼저 아벨과 가인의 계보를 살펴보자.

하나님께서 아벨과 그의 제물은 받으셨으나, 가인과 그의 제물은 받지 않으셨다. 중심을 보시는 하나님께서 아벨의 진심은 받으셨고, 가인의 외식은 받지 않으신 거였다. 겉보기에 두 사람 모두 각각의 제물로 주님 앞에 동일하게 예배드린 것 같았지만, 하나님의 눈에는 달랐다.

그러자 가인이 화가 나서 얼굴빛이 변했다. 자기의 중심을 돌아보지 못한 채 몹시 화를 냈다. 그런 가인에게 하나님께서 물으셨다.

"왜 네가 화를 내느냐? 네가 올바른 일을 했다면, 어찌하여 얼굴빛이 달라지느냐? 죄가 네 문 앞에 도사리고 앉아서 너를 지배하려고 한다. 너는 그 죄를 잘 다스려야 한다."

하나님은 가인을 훈육하셨다. 그저 선과 악을 구분하여 정죄하고 징벌하신 게 아니라 '아버지'로서 가인의 중심에 도사리고 있는 죄를 지적하시며 다스리도록 가르치셨다. 하지만 가인은 아버지의 말씀에 귀를 닫았다. 육신의 미움과 혈기에 사로잡혀 결국 동생 아벨을 살해하는 죄를 저지르고 말았다.

시험을 당할 때에, 아무도 "내가 하나님께 시험을 당하고 있다" 하고 말하지 마십시오. 하나님께서는 악에게 시험을 받지도 않으시고, 또 시험하지도 않으십니다. 사람이 시험을 당하는 것은 각각 자기의 욕심에 이끌려서, 꾐에 빠지기 때문입니다. 욕심이 잉태하면 죄를 낳고, 죄가 자라면 죽음을 낳습니다. 약 1:13-15

이 모습을 지켜보신 하나님께서 참담한 심정으로 물으셨다.
"가인아, 네 아우 아벨이 어디 있느냐?"
가인은 잔뜩 뿔이 난 상태로 대답했다.
"모릅니다. 제가 아우를 지키는 사람입니까?"
적반하장. 그는 주님이 정말 몰라서 물어보신다고 생각한 걸까. 자기 죄를 주님 앞에 숨길 수 있다고 생각했을까.
자신이 무슨 죄를 지었는지, 자신이 어떤 상태인지를 깨닫지 못한 채, 되려 날이 서있는 그에게 주님이 다시 물으셨다.
"네가 무슨 일을 저질렀느냐?"
몰라서 물으신 게 아니었다. 가인이 스스로 깨닫도록 질문하셨다. 마치 에덴동산에서의 그날처럼. 선악과를 나눠 먹고 눈이 밝아져 무화과나무 잎을 엮어 치마로 삼고, 하나님의 낯을 피해 숨은 아담과 하와에게 "네가 어디에 있느냐?" 물으셨던 것처럼.
결국 처음 약속대로 두 사람은 에덴동산을 떠나 죄의 쓰디쓴 열매를 먹어야 했다. 하지만 아버지께서는 약속을 어긴 피조물인 인간을 위해 다른 피조물을 희생시키셨다. 그 피조물의 가죽으로, 무화과 잎으로 가리기에 턱없이 부족했던 죄 된 몸을 감싸주셨다. 그리고 이제는 그 둘의 아들, 곧 살인을 저지른 가인에게 또다시 긍휼을 베푸셨다. 보호하는 징표를 주시며 아무도 그를 해치지 못하게 하셨다. 이는 스스로 하나님으로부터 멀어진 가인에게 돌아올 기회를 열어두신 거였다.

하지만 주님 앞을 떠나 에덴 동쪽 놋 땅으로 건너간 가인은 하나님을 등진 채, 삶을 열심히 일궈나갔다. 자손을 낳고 대를 이으며 나름 자수성가한 가문을 이루었다. 그 가운데서 가축을 치는 조상, 수금과 퉁소를 부는 조상, 구리와 쇠로 온갖 기구를 만드는 장인도 나왔지만, 모두 하나님과 상관없는 삶이었다. 그들이 하나님을 찾은 흔적은 어디서도 보이지 않았다.

한편, 주님께서는 그분을 온전히 예배했지만 죽임을 당한 아벨을 대신해 아담에게 '셋'을 주셨다. 다행히, 셋의 자손은 하나님을 찾았다. 아버지의 이름을 불렀다. 주님과의 관계를 다시 갈망했다.

주목할 만한 것은, 성경이 가인의 후손과 셋의 후손의 계보를 다르게 기록한 점이다. 먼저 가인의 후손은 어떤 일을 하며 업적을 남겼는지를 기록한 데 비해, 셋의 후손은 자녀의 이름만 기록했다. 또 가인의 후손의 수명은 기록하지 않았는데, 셋의 후손의 수명은 자세히 기록했다. 이를 통해 성경은 무엇을 말씀하고 싶은 걸까?

가인의 후손은 '이 땅에서의 업적'이 중요했다. 그랬기에 자신의 존재를 높이고 자랑하며, 그것을 쌓는 일에 집중했다. 물론 셋의 후손도 특정 직업을 가지고 달란트를 활용하며 살았겠지만, 그들에게 중요했던 건 '예배자로 사는 것'과 '믿음의 자녀를 낳아 기르는 일'이었다.

이렇게 다른 삶을 산 가인의 후손과 셋의 후손의 기록을 통해 성경은 또 다른 입장을 표명한다. 수명이 전혀 기록되지 않은 가인의 계보를 통해, 하나님과 상관없이 자기 힘으로, 오직 자신을 위해 이 땅에서 업적을 쌓는 삶은 정작 하나님 앞에 하나도 계수되지 않는다는 것을. 반면에 이 땅에서 하나님을 갈망하여 주님과 동행하는 삶을 살며, 믿음의 자손을 남겼던 셋 후손들의 인생은 모두 주님 앞에 계수되었음을.

셋의 계보에는 에녹도 있고, 노아도 있다. 에녹은 365년을 살면서 300년을 하나님과 동행했다고 평가될 정도로 하나님과 온전한 동행의 삶을 살았다. 심지어 그는 죽음을 통과하지 않고, 천국으로 들려 올라간 첫 사람이었다. 노아는 모든 생명이 죽임을 당한 심판 가운데 유일하게 구원받은 의인이었다. 이 믿음의 계보를 타고 아브라함-이삭-이스라엘을 지나 비로소 하나님이 약속하신 우리의 구원자 예수님이 오셨다! 그리고 오늘날 예수 그리스도 안에서 하나님의 자녀가 된 우리도 이 믿음의 계보에 올랐다.

은혜로운 이 계보 위에, 얼마나 크고 놀라운 우리 주님의 열심과 사랑이 흐르는지 모른다. 이 끈질긴 아버지의 사랑을, 그 위대한 열심을, 그분의 거룩한 영을 오늘도 기억하고 사모한다. 예수님이 다시 오시는 그날까지 믿음의 후손답게, 믿음의 자손을 낳고 낳는 의인으로 살아내길 간절히 기도한다.

Let's Pray

1 이 땅에서 내가 주목하며 사는 것은 무엇인가요? 가인의 후손처럼 살고 있나요, 셋의 후손처럼 살고 있나요? 잠잠히 내 중심과 삶을 돌아봅시다.

---

2 나를 훈계하시는 아버지이신 하나님 앞에, 내가 겸허히 들어야 할 말씀은 무엇인가요? 아버지의 음성에 귀를 기울여 봅시다.

---

3 믿음의 계보에 흐르는 아버지의 사랑을 바라봅니다. 내게 주신 최고의 선물, 예수 그리스도의 사랑을 깊이 묵상하며 찬양합니다. 그 사랑을 힘입어 믿음의 계보를 잇는 믿음의 사람으로 살아가길 기도합시다.

Prayer

하나님 아버지, 제가 주인 되어

육신의 정욕으로 살았던 모습을 회개합니다.

죄를 깨닫게 하사 다스리도록 도와주시는 주님,

제가 주님의 음성을 민감하게 듣고

죄로부터 속히 돌아서게 해주세요.

아벨과 셋, 그 후손들처럼 믿음의 계보를 잇는

믿음의 사람이 되겠습니다. 이 땅에서 업적을 이루고자

정신없이 달려가던 발걸음을 멈추겠습니다.

에녹과 노아처럼 주님과 동행하는 삶을 살겠습니다.

제게 생명을 주신 예수 그리스도의 이름을 찬양합니다.

예수님의 영이 제 안에, 제가 주님 안에 있음을 믿습니다.

제가 연약하여 넘어지더라도 아버지께서 잡아 일으키시며

주님의 날개 아래 두시고, 다시 믿음의 길을 걸어가게 하실 줄 믿습니다.

제가 믿음의 후손을 낳고 기르는 믿음의 부모가 되게 해주세요.

예수님이 다시 오시는 그날까지 믿음의 다음세대가

군대같이 일어나길 기도합니다!

예수님의 이름으로 기도합니다, 아멘.

누가 진짜 탕자인가,
큰아들 vs 작은아들

누가복음 15:11-32

우리가 잘 아는 '돌아온 탕자' 이야기의 등장인물은 큰아들, 작은아들 그리고 아버지다. 예수님은 이 이야기를 통해 무얼 말하고 싶으셨을까?

어느 날 작은아들이 아버지께 당돌하게 요구한다.

"아버지, 재산 가운데서 제 몫을 먼저 주세요."

부모 사후에나 받을 수 있는 유산을 먼저 달라는 작은아들의 청에 아버지는 묵묵히 재산을 나눠주었다. 그렇게 작은아들은 제 몫을 다 챙겨서 먼 지방으로 신나게 달려갔다. 아버지의 영향권을 최대한 벗어나 자유롭게, 자신의 힘을 한껏 발휘할 수 있는 곳으로.

하지만 그는 아직 그 재산의 참된 주인이 아니었다. 그 재산을 가치 있게 쓸 지혜도, 성품도 전혀 준비되어 있지 않았다. 그러나 자신을 과신한 나머지, 결국 허랑방탕하게 살면서 그 재산을 모두 날려버리고 말았다.

그러고는 다른 사람 밑에 빌붙어 돼지를 치는 신세로 전락했다. 돼지가 먹는 쥐엄 열매가 부러울 만큼 굶주렸고 가난했지만, 아무도 그에게 먹을 것을 주지 않았다. 그는 비참한 하루하루를 보내며 그제야 정신이

들었다. 비로소 아버지를 떠올렸다. 양심상 아버지의 아들로 돌아갈 낯이 없었으나, 아버지의 품꾼으로라도 사는 게 이보다는 나을 것 같아 터덜터덜 집으로 돌아갔다.

깊은 죄책감과 낮아질 대로 낮아진 자존감을 안고 마을 어귀에 들어서는데… 저 멀리 아버지가 보였다. 아버지는 한달음에 달려와 작은아들의 목을 껴안고 입을 맞추었다. 하염없이 쏟아지는 기쁨의 눈물을 주체 못 하며 아들을 따뜻하게 맞아주었다. 처절하게 실패하고 돌아온 아들에게 가장 좋은 옷을 꺼내서 입히고, 손에 반지를 끼우고, 발에 신을 신기며, 살진 송아지를 잡아 '컴백 파티'를 열어주었다.

비로소 작은아들은 아버지의 사랑을 깨달았다. 미처 몰랐던 아버지의 진짜 사랑을. 그 무한한 용서와 긍휼과 사랑의 깊이를 진하게 느꼈다. 자신의 모든 것이 누구에게서 왔는지, 그 뿌리와 은혜도 모른 채 기고만장했던 그는, 삶이 곤두박질치고 죽을 듯한 고통을 겪은 뒤에야 자기 존재에 대해 눈을 떴다. 자기가 받은 은혜가 놀라운 은혜(Amaizing Grace)였음을 깨달았다.

육이 죽자 영이 살아났다. 십자가를 통과하자 진정한 아들로 거듭났다. 이후 작은아들의 이야기는 나오지 않지만, 분명 육이 죽고 영으로 사는 새로운 삶을 살았으리라. 아버지의 아들답게 빛나는 삶을 살았으리라.

반면에 큰아들은 늘 아버지 곁에 착실하게 머물렀다. 하루는 그가 밭에서 열심히 일하고 돌아오던 길에 집 가까이서 음악 소리와 춤추며 노는 소리가 들려왔다. 그는 종을 불러 무슨 일인지 물었다. 자초지종을 듣고는 화가 치밀어 올랐다. 도저히 아버지를 이해할 수 없었다. 동생의 얼굴을 보고 싶지도 않았다. 집 밖에서 씩씩대는 그를 달래러 나온 아버지에게 그는 화가 나서 소리쳤다.

"저는 여러 해 동안 아버지를 섬겨왔습니다. 제가 언제 아버지의 명령을 하나라도 어긴 일이 있습니까? 그런 제게는 친구들과 함께 즐기라고 염소 새끼 한 마리도 주신 일이 없는데, 창녀들과 어울리며 아버지의 재산을 다 탕진한 저 녀석이 돌아왔다고, 살진 송아지를 잡으시다니요!"

이 말만 들어보면, 아버지가 너무했다는 생각이 든다. 큰아들이 마땅히 화낼 만해 보인다. 이때 아버지가 말했다.

"너는 늘 나와 함께 있었잖니. 내가 가진 모든 게 다 네 것이란다. 하지만 네 동생은 죽었다가 살아났고, 내가 잃었다가 되찾았으니, 우리가 즐기며 기뻐하는 것이 마땅하지 않으냐."

아버지의 말을 들으니 큰아들에게 의문이 든다.

'그의 몸은 아버지 가까이에 있었지만, 정작 마음은 아버지와 멀리 떨어져 있던 게 아닐까?'

큰아들은 아버지가 곁에 계셔도, 늘 밭에 나가 열심히 일했다. 그것이 아들로서 인정받는 길이라 여겼는지 모른다. 집을 나간 동생보다 자신이 더 훌륭하다는 걸 입증하고 싶었는지 모른다. 그래서 그는 아버지 곁에서 아버지와 마음을 나누기보다는 자기만의 열심으로 자기만의 의를 세워갔다. 아버지의 마음이 어떤지, 뭘 생각하는지는 관심 없었다. 아버지를 몰라도 너무 몰랐다. 만일 그가 아버지와 마음을 나누며 동행하는 일상을 살아냈다면, 그의 마음이 기쁨과 감사로 풍족했을 것이다. 또한 동생을 향한 아버지의 애끓는 안타까움에 마음을 합하여, 그를 위해 기도하는 든든한 중보자가 될 수 있었을 것이다. 그래서 동생이 돌아왔을 때, 아버지의 기쁨에 참여하는 특권을 누렸을 것이다.

오랫동안 교회를 다녔음에도 정작 하나님 아버지를 잘 모르는 이들이 많다. 그들은 자신이 생각하는 옳고 가치 있는 일을 해내기 위해 열심히 사느라 정작 아버지와 얼굴을 마주할 시간이 없다. 그러니 아버지의 생각과 마음과 능력을 알지 못하고, 경험하지 못한다. 그래서 아버지를 오해한다. 스스로 수고하고 무거운 짐을 짊어지고 살아간다.

바로 그들을 하나님 아버지께서 기다리신다. 그 '큰아들'들과 얼굴을 마주하고 마음을 나누길 원하신다. 아버지의 아들로서 사는 안정감과 기쁨을 알려주고 싶어 하신다.

그분의 자녀는 삶의 풍파 앞에서 아버지를 힘입어 거센 물살을 뛰어넘을 수 있다. 아버지에게 모든 지혜와 능력과 평안과 자비가 있기 때문이다. 또한 잘못된 정욕과 세상이 던져주는 가치를 따라 달려가는 육적인 삶이 아니라, 하나님나라 가치와 의를 향해 나아가는 영적이고 고차원적인 삶을 살아간다. 이 땅이 주는 찰나의 기쁨이 아닌, 아버지 안에서 '찐' 기쁨과 영광을 누린다.

Let's Pray

1 세상 한가운데서 제힘으로 살려고 애쓰다가 지쳐버렸나요? 나를 간절히 기다리시는 아버지의 품으로 돌아갑시다. 아버지의 사랑 안에서, 아버지의 뜻대로 살아가길 기도합시다.

_____

_____

2 나름 교회에 열심히 다니지만, 정작 아버지와 마음 나누기를 놓치고 있진 않나요? 아버지와 같은 마음, 같은 뜻으로 살아가길 기도합시다.

_____

_____

3 삶의 어려움과 기도 제목을 아버지께 아룁시다. 아버지께서 그 어려움에 길을 내십니다. 문제를 향한 아버지의 마음과 지혜를 구하며, 그 뜻대로 기쁘게 순종할 수 있기를 간구합시다.

_____

_____

4 탕자처럼 방황하고 있는 영혼을 위해 기도합시다. 주님께 돌아오게 하소서!

_____

_____

Prayer

하나님 아버지,

큰아들과 작은아들에게서 제 모습을 봅니다.

아버지의 재산을 뻔뻔하게 요구하고 제힘만 믿고

세상에 나아갔다가 결국 쓴맛만 보고 상처투성이가 되어

아버지 앞에 다시 섰습니다. 아버지의 아들이라

말할 자격도 없는 저를 따뜻하게 안아주셔서 감사합니다.

죄송합니다. 사랑합니다. 이제 아버지와 영원히 함께 살며

아버지의 뜻과 마음이 제 것이 되길 간절히 소망합니다.

또한 아버지 곁에 있다고 착각했지만,

실상 제 의와 정욕을 위해 살며

아버지를 오해하기까지 했습니다. 용서해주세요.

아버지께 제 마음을 드립니다. 아버지의 뜻과 사랑을 알려주세요.

아버지의 나라와 의를 위해 살며

아버지의 기쁨과 눈물과 영광에 참여하게 해주세요.

육적 갈망을 좇던 저는 예수님 안에서 죽었습니다.

성령님과의 온전한 동행이 시작된 줄 믿습니다.

예수님의 이름으로 기도합니다, 아멘.

DAY 10

복이 된 사나이, 아브라함

주님께서 아브람에게 말씀하셨다. "너는, 네가 살고 있는 땅과, 네가 난 곳과, 너의 아버지의 집을 떠나서, 내가 보여주는 땅으로 가거라. 내가 너로 큰 민족이 되게 하고, 너에게 복을 주어서, 네가 크게 이름을 떨치게 하겠다. 너는 복의 근원이 될 것이다(너는 복이 될지라, 개역개정)." 창 12:1,2

하나님께서 아브라함을 부르셨다. 그리고 놀라운 말씀을 주셨다. "많은 복을 주겠다"가 아닌, 그를 존재 자체로 '복'이 되게 하시겠다는 거였다. 육신의 생각을 따라 죄 가운데 살던 존재에서, 하나님의 자녀가 되어 하나님의 영을 따라 사는 존재로 새롭게 하시겠다는 말씀이었다.

실로 그는 육신의 생각을 떠나 하나님의 말씀을 온전히 믿고 따르는 믿음의 조상이 되었고, 그 계보를 통해 예수 그리스도가 오셨다. 하나님께서 그 인생 자체를 '복'이 되게 하셨다. 그리고 우리 역시 예수 그리스도 안에서 '복'이 되었다. 새 피조물이 되었다. 할렐루야!

하나님께서 아브라함에게 행하신 일을 살펴보자. 주님을 만나기 전에는, 그도 육신의 존재로 우상을 섬기며 이 땅에서 애쓰며 사는 사람에 불과했다. 그런데 하나님께서 먼저 그를 부르셨다. 왜? 은혜다. 하나님의 선택과 부르심은 한없는 은혜일 뿐이다. 우리 역시 하나님의 전적인 은혜로 그분의 자녀가 되지 않았는가!

하나님께서 아브람을 부르셨고, 가장 먼저 그가 지금껏 기대어 살아온 고향과 친척과 아버지의 집을 "떠나라" 말씀하셨다. 하나님 없이 살아왔던, 익숙하고 단련된 육신의 환경으로부터 돌아서기를 요구하셨다. 그리고 오직 하나님의 말씀을 의지할 수밖에 없는 미지의 땅으로 인도하셨다. 광야 같은 시간을 통과하도록 이끄셨다. 그곳은 육이 죽고 영이 살아나는, 하나님을 필연적으로 깊이 경험하는 최적의 장소였다.

하나님의 말씀을 믿고 순종하여 갈대아 우르에서 발걸음을 떼는 순간, 그는 복덩어리가 되었다. 하나님과 관계 맺는 인생, 하나님의 자녀가 되었다. 하나님의 말씀을 따르는 영적 존재, 믿음의 사람으로 살기 시작했다. 여전히 부족했고 실수하며 죄도 지었지만, 하나님의 자녀가 된 이상, 그의 인생은 하나님 안에서 안전했다. 그분이 끝까지 책임지고 공급하며 이끄실 거였기에. 이것이 아버지의 사랑이고 능력이다.

하나님은 아브라함을 놀랍게 빚어가셨다. 이 땅에 매여 살아가던 육신의 존재로서의 삶의 방식, 의심, 염려, 두려움, 자기 꾀로 삶을 풀어내려던 그를 믿음, 온유, 겸손, 인내, 순종의 사람으로 바꾸셨다. 그는 노년에 독생자 이삭을 내어드리는 믿음의 아비로 성장해 있었다. 독생자 예수님을 내어주신 하나님 아버지처럼 말이다.

육신의 사고로는 아들 이삭을 바치라는 주님의 명령을 이해할 수도,

순종할 수도 없었다. 하지만 그는 바로 다음 날 주님의 말씀을 따라 움직였다. 그에게는 하나님의 뜻이면 무엇이든 온전히 순종하는 믿음이 있었다. 꾹 참고 억지로 울며불며 순종한 게 아니었다. 이삭을 통해 언약을 이루신다고 하셨던 말씀과 이삭을 바치라는 명령이 모순처럼 보였지만, 그 생각에 자신을 내어주지 않았다. 언약을 반드시 성취하시는 선하고 전능하신 하나님을 전적으로 신뢰했다.

아브라함은 이삭이 죽더라도, 그를 다시 살리실 전능하신 하나님과 부활을 믿었다. 믿음의 조상답게 예수님이 태어나시기 훨씬 전부터 부활을 믿음으로 내다보았다. 그의 육신의 생각은 이미 죽은 지 오래였다. 과거에 자기 안위를 위해 아내를 누이로 속였던 모습은 온데간데없었다. 하나님께서 아브라함의 굴곡진 인생 가운데 끝없이 만나주시고 그에게 말씀해주신 결과였다.

그는 오직 하나님을 경외하며 자기 생각보다 하나님의 생각을 먼저 구하고 의지하는 영의 사람, 믿음의 사람으로 변화했다. 하나님께서 그를 진정 복된 존재로 손수 빚어내셨다.

육신에 속한 생각은 죽음입니다. 그러나 성령에 속한 생각은 생명과 평화입니다. 육신에 속한 생각은 하나님께 품는 적대감입니다. 그것은 하나님의 법을 따르지 않으며, 또 복종할 수도 없습니다. 육신에 매인 사람은 하나님을 기쁘게 해드릴 수 없습니다. 롬 8:6-8

그는 이제 육의 생각으로부터 자유했다. 영의 생각을 기쁨으로 순종하는 새로운 피조물이 되었다. 약속하신 말씀대로, 그 존재 자체가 '복'이 되었다. 이 땅에서 찾아볼 수 없는, 하나님 아버지의 형상을 닮은 새 피조물로 빚어졌다. 하나님의 사람은 세상을 이긴다. 세상은 이런 믿음의 사람을 감당하지 못한다.

아브라함을 향한 이 언약이 예수 그리스도 안에서 우리에게도 동일하게 성취되었다. 예수님을 나의 구주로 받아들이고 입술로 시인하면 우린 복덩어리, 새 피조물이 된다! 예수님이 십자가에서 우리의 죄 된 육신을 다 멸하셨기 때문이다.

여전히 육의 생각이 날 주장하는 듯해도, 우리 안에 계신 성령께서 하나님의 형상을 닮은 자녀로 우리를 계속 빚어가신다. 육의 생각에서 해방되고, 영의 생각을 따라 사는 믿음의 사람으로 말이다. "날마다 죽노라" 고백한 바울처럼 예수님 안에서 우리는 날로 새로워진다. 우리를 새로운 존재로 거듭나게 하신 하나님 아버지의 위대하고도 놀라운 사랑을 찬양하자. 할렐루야!

나는 그리스도와 함께 십자가에 못박혔습니다. 이제 살고 있는 것은 내가 아닙니다. 그리스도께서 내 안에서 살고 계십니다. 내가 지금 육신 안에서 살고 있는 삶은, 나를 사랑하셔서 나를 위하여 자기 몸을 내어주신 하나님의 아들을 믿는 믿음 안에서 살아가는 것입니다. 갈 2:20

Let's Pray

1 아브라함에게 말씀하신 것처럼, 하나님께서 내게도 "떠나라" 하시는 영역이 무엇인가요? 깨닫게 해주시길 구하고, 담대히 떠날 수 있기를 기도합시다.

_____

_____

2 현재 광야를 지나고 있나요? 이 시간을 통해 살아계신 주님을 깊이 만나고, 아버지 말씀에 온전히 순종하는 영의 사람으로 빚어지길 기도합시다.

_____

_____

3 내 안에 죽어야 할 육의 생각이 무엇인가요? 그 자리에 아버지의 생각이 부어지길 기도합시다.
  - **육의 생각** : 의심, 염려, 두려움, 혈기, 욕심, 미움, 자기 꾀 등
  - **영의 생각** : 믿음, 평안, 온유, 겸손, 인내, 오래 참음, 자비, 순종 등

_____

_____

4 예수 그리스도 안에서 새 피조물이 되었음을 믿음으로 선포합시다. 새 피조물의 삶을 살도록 성령의 도우심을 구합시다.

_____

_____

Prayer

아브라함을 부르신 하나님,

저도 주님의 자녀로 불러주셔서 감사합니다.

제 어떠함과 상관없이, 예수 그리스도 안에서 제 죄를 대속하시고

자녀 삼아주신 크신 사랑에 감사와 찬양을 올려드립니다.

주님, 제가 떠나야 할 영역을 알려주세요.

제 생각과 계획이 아닌 오직 아버지의 말씀을 의지하여

이끄시는 땅으로 나아가겠습니다.

아브라함을 '복'이 되게 하신 하나님,

저 또한 예수 그리스도 안에서 새 피조물이요, 복덩어리입니다!

육의 생각에 매여 죄에 종노릇하지 않고,

영을 따라 생명과 평안을 누리는 자임을 선포합니다!

이제 성령을 따라 썩어질 육신의 생각으로부터 자유하고,

영의 생각을 따라 주님을 기쁘시게 하는 삶을 살겠습니다.

성령충만케 하소서! 이 모든 것을 이루신

하나님 아버지의 전능하심과 사랑을 찬양합니다.

예수님의 이름으로 기도합니다, 아멘.

DAY 11 하나님이 다스리시는 자, 야곱

창세기 32:13-32

역사적인 밤이다. 한 남자의 인생이 역전되었다. 야곱은 전 재산과 두 아내, 두 여종과 열한 아들을 얍복 나루로 건너보내고 홀로 남았다.

그는 심히 두렵고 떨리고 외로웠다. 지난 인생이 필름처럼 머릿속을 스쳐 갔다. 외삼촌 라반 밑에서 지독히도 수고했던 20년, 낮에는 더위와 싸우고 밤에는 추위를 견디며 눈 붙일 겨를도 없이 양 떼를 쳤다. 외삼촌이 품삯을 열 번이나 바꾸며 그의 노동을 착취했지만, 하나님의 도우심으로 그는 자기 소유뿐 아니라 아내와 자녀를 풍족히 얻었다.

그리고 마침내 하나님의 부르심을 받아 외삼촌으로부터 독립하여 고향으로 돌아가는 길이건만, 형 에서를 만날 생각에 깊은 두려움에 빠졌다. 자신의 꾀로 장자권을 빼앗고 아버지를 속여 축복기도까지 모조리 차지한 야곱이 형의 마음을 풀어보고자 앞서 예물을 보냈지만, 두려움을 지울 수가 없었다.

그 밤, 야곱은 얍복 나루에 홀로 앉아 주님을 대면했다. 두렵고 떨리는 깊은 밤에 주님께서 그를 만나러 오셨다. 그는 하나님을 만나자, 지금까지 살아온 관성대로 온 힘을 다해 그분을 붙들었다. 하나님과의 씨름에서도 악착같이 매달려서 축복을 받아내고자 했다. 하나님께서는 그토록 처절하게 자기 힘을 의지하는 야곱의 허벅지 관절을 치셨다. 그를 버티고 서있게 하는 힘의 결정적 근원을 끊어내신 거였다. 스스로 설 수 없는, 지팡이에 의존해야 하는 형편으로 만드셨다. 야곱은 그 후 평생 다리를 절 때마다 그날 밤을 기억했을 것이다.

'야곱'은 '발뒤꿈치를 잡은 자'라는 뜻이다. 그의 이름은 곧 그의 정체성이었다. 엄마 배에서 나올 때부터 형의 발뒤꿈치를 잡고 나왔다. 그리고 평생 악착같이 부여잡는 인생을 살았다. 이미 "형이 동생을 섬길 것이다"(창 25:23)라는 하나님의 언약과 은혜가 있었지만, 자신의 열심으로 늘 하나님보다 앞섰다.

하지만 절체절명의 순간, 두려움과 외로움으로 어찌할 바를 몰랐던 그에게 하나님께서 새로운 이름과 정체성을 부여해주셨다.

> 그 사람이 말하였다. "네가 하나님과도 겨루어 이겼고, 사람과도 겨루어 이겼으니, 이제 네 이름은 야곱이 아니라 이스라엘이다." 창 32:28

'이스라엘'은 '하나님께서 다스리신다'라는 뜻이다(《뉴 픽트리 성경》). 그는 자신이 주인 되어 인생을 끌고 가던 '야곱'에서 하나님이 왕 되셔서 통치하고 다스리시는 '이스라엘'로 거듭났다. 존재가 완전히 새로워졌다. 더 이상 육신의 정욕을 따라 사는 삶이 아닌, 하나님의 영을 따라 사는 영의 사람으로 거듭났다. 이는 '아브라함과 이삭의 하나님'이 '야곱(이스라엘)의 하나님'이 되신 날이기도 했다. 이후 이스라엘은 할아버지 아브라함처럼 여러 시행착오를 겪는 가운데, 믿음의 사람으로 점점 성장했다. 사랑하는 아들 요셉을 잃고 힘든 시간을 보냈지만, 베냐민마저도 잃을 수 있는 상황에서 믿음의 결단을 내렸다.

"자식들을 잃게 되면 잃는 것이지, 난들 어떻게 하겠느냐"(창 43:14)?

한때 발꿈치를 부여잡던 육의 사람 야곱으로서는 하기 힘든 고백이었다. 그는 하나님을 의지했기에 믿음의 결단으로 베냐민을 내주었다. 이에 돌아온 소식은 너무도 놀라웠다. 베냐민이 무사히 돌아왔을 뿐 아니라 죽은 줄만 알았던 요셉이 살아 돌아온 거였다. 그것도 애굽의 총리대신이 되어서. 하나님께서 아브라함에게 하셨던 약속의 말씀이 상상도 못한 놀라운 섭리를 따라 성취되어 갔다. 역시 엘 샤다이, 전능하신 하나님이셨다!

마침내 애굽으로 건너가 생의 끝을 마주하는 이스라엘, 그의 고백에서 믿음의 선조다운 연륜이 느껴진다.

야곱이 요셉을 축복하였다. "나의 할아버지 아브라함과 아버지 이삭을 보살펴 주신 하나님, 내가 태어난 날로부터 오늘에 이르기까지 나의 목자가 되어주신 하나님, 온갖 어려움에서 나를 건져주신 천사께서 이 아이들에게 복을 내려주시기를 빕니다. 나의 이름과 할아버지의 이름 아브라함과 아버지의 이름 이삭이 이 아이들에게서 살아있게 하여주시기를 빕니다. 이 아이들의 자손이 이 땅에서 크게 불어나게 하여주시기를 빕니다." 창 48:15,16

이스라엘은 자신까지 3대에 걸쳐 그들의 삶을 신실하게 인도하신 하나님의 은혜를 찬양한다. 태어난 날부터 지금까지 길러주시고 환난에서 건져주신 하나님께서 자신의 자녀와 후손에게도 동일하게 역사하시길 선포한다. 그리고 후손에게 그 믿음을 이어주는 '하나님께 다스림 받는 자'가 되어 삶을 마감한다. 이것이 우리 하나님 아버지의 권능이요, 지혜요, 은혜이며, 사랑이다.

우리도 야곱처럼 우리 힘으로 부여잡고 있는 것들이 얼마나 많은가. 세상이 정해준 목표를 향해 악착같이 달려가는 것이 과연 우리의 인생인가. 그것들을 이뤄달라고 부르짖는 것이 과연 기도인가. 물론 주어진 자리에서 충성을 다해 살아야 한다. 주님께 도우심과 복을 구하는 기도를 드려도 좋다. 하지만 내가 주인이 되어, 세상과 같은 동기와 목적을 가지고 전력으로 질주한다면 '발뒤꿈치를 잡은 자, 야곱'으로 사는 것이다.

하루하루 충성을 다하되, 아버지로부터 오는 힘과 마음으로 하나님 나라와 그 뜻을 위해 살아가자. 주님이 인도하시는 길을 따라, 내 삶을 가장 아름답게 완성해가시는 진정한 왕 예수 그리스도를 따라 '하나님께서 다스리시는 자, 이스라엘'이 되길 기도한다.

1 내 힘과 욕심으로 끌고 가는 영역이 있는지 돌아봅시다. 아버지의 뜻과 무관하게 열심을 냈던 모든 수고를 내려놓겠다고 주님께 고백합시다.

_____

_____

2 야곱의 허벅지 둔부를 치시며 '이스라엘'이라는 새 이름을 주신 것처럼, 오늘 내게도 같은 역사가 일어나길 간구합시다.

_____

_____

3 삶의 문제를 솔직하게 아뢰며 하나님의 뜻과 도우심을 구합시다. 내 뜻과 원함을 내려놓고, 아버지께 다스림 받아 풀어지는 역사가 있기를 기도합시다.

_____

_____

4 주변에 기도가 필요한 영혼이 있나요? 그들을 아버지께서 다스리시고 힘주시며 이끌어주시길 간구합시다.

_____

_____

Prayer

외롭고 두려웠던 야곱에게 찾아오신 하나님,

제게도 찾아와 주세요.

오늘이 제게도 역사적인 날이 되길 원합니다.

모든 걸 힘겹게 부여잡던 제 손에서 힘을 빼시고,

버티고 서있는 제 허벅지 힘줄을 쳐주세요.

하나님보다 앞서며 육신의 정욕으로 살아온

지난날을 회개합니다. 주님 앞에 다 내려놓습니다.

이제 예수님의 보혈로 제 안의 '야곱'은 죽고, '이스라엘'로 거듭났습니다.

오직 주님만이 나의 왕이시며 나를 다스리시는 분임을 고백합니다.

성령님, 저를 인도하셔서 새로운 삶을 살게 해주세요.

하나님의 뜻이 제 뜻이 되고,

하나님의 기쁨과 눈물이 제 기쁨과 눈물이 되고,

하나님의 갈망이 제 갈망이 되길 원합니다.

삶에서 주님을 나타내고,

주님의 사랑으로 영혼을 섬기는 믿음의 사람이 되겠습니다.

예수님의 이름으로 기도합니다, 아멘!

형통의 대명사,
요셉

창세기 39장-45장

우리가 아는 개념과는 정반대처럼 보이는 '형통'의 이야기다. 주인공은 요셉, 그는 아버지 야곱이 가장 사랑한 아들이었다. 얼마나 사랑했는지 특별히 채색옷을 지어 입힐 정도였다. 요셉은 아버지의 전폭적인 사랑을 받은 만큼 형들의 폭풍 같은 미움도 감당해야 했다. 어릴 적 철딱서니 없는 '파파보이'였던 그는 두 꿈을 꾸고 형들에게 자랑삼아 늘어놓다가 엄청난 시련을 맞이한다. 형들이 그를 애굽의 노예로 팔아버린 것이다.

아버지의 남다른 애정을 한몸에 받던 도련님이 하루아침에 노예로 전락했다. 늘 그늘이 되어주던 아버지와 생이별하여 다른 언어와 문화를 가진, 아는 사람 하나 없는 미지의 땅 애굽으로 팔려갔다.

그의 심정이 어땠을까? 극도의 두려움과 형들에 대한 분노가 치밀어 오르지 않았을까? 구출될 가능성도 희박하고 자기 처지를 알릴 연락망도 없던 시절, 이 날벼락 같은 시련을 속절없이 마주했으니 얼마나 억울하고 무서웠을까!

그는 온 힘을 다해 아버지에게서 들어왔던 하나님을 찾을 수밖에 없었을 것이다. 그가 붙들 건 오직 하나님뿐이었다. 그분 앞에서 우는 것 말고는 할 수 있는 게 없었으리라. 그런 그를 하나님께서도 강력하게 붙드셨다.

여호와께서 요셉과 함께하시므로 그가 형통한 자가 되어 그의 주인 애굽 사람의 집에 있으니 창 39:2 개역개정

성경은 주님이 요셉과 함께하셔서 그가 형통한 자가 되었다고 말씀한다. 아무리 끔찍하고 처절한 신세에 놓인 듯해도, 하나님이 함께하시니 그는 형통했다. 그 형통이 애굽 사람 보디발의 눈에도 보였다.

보디발은 본래 하나님을 알지 못하는 이방인이었다. 그러나 요셉이 믿는 하나님의 살아계심을, 그를 범사에 형통하게 이끄시는 하나님의 능력을 분명히 보았다. 하나님 아버지께서 요셉을 강력하게 붙드셨기 때문이다. 그래서 보디발은 그 빛나는 요셉에게 모든 집안일과 재산을 맡겨 관리하게 했다.

그 와중에 보디발의 아내가 요셉을 탐하고 유혹했으나 요셉은 오직 하나님을 경외함으로 거룩함을 지켰다. 비록 억울한 누명을 쓰고 감옥으로 끌려갔지만, 그곳에서도 하나님께서 그를 강하게 붙드셨다. 하나님이 함께하시니 요셉은 감옥에서도 "형통한 자"가 되었다.

그 형통이 간수장의 눈에도 보였다. 그도 하나님을 모르는 이방인이었으나, 요셉과 함께하시는 살아계신 하나님이 보였기에 요셉에게 모든 일을 믿고 맡겼다. 자존감만 높고, 철없던 파파보이가 하나님을 경외함

으로 자기를 낮추고, 시련을 견디며, 탁월하게 일을 운용하는 지혜롭고 충성스러운 주의 종으로 변화되어 갔다. 이는 그를 붙드신 하나님의 경륜이며, 지혜이고, 사랑이었다.

이후 시련을 가장한 축복의 연단이 또 한 번 그를 찾아왔다. 요셉이 감옥에 갇힌 두 신하의 꿈을 정확하게 해석한 뒤 석방되는 사람의 도움을 받고자 했지만, 그는 요셉을 까맣게 잊어버렸다. 그리고 성경은 만 2년 후로 훌쩍 뛰어넘는다(창 41:1).

요셉은 어떤 세월을 보냈을까? 아무리 하나님의 도우심으로 옥중 생활을 형통하게 했을지라도 어디까지나 감옥이었다. 누명을 벗고 풀려날 길이 도무지 보이지 않았다. 그의 석방을 위해 힘써줄 조력자도 없었다. 캄캄한 감옥 안에서 약속된 미래 없이 그저 주어진 하루를 충실하게 살아내는 수밖에 없었다.

하지만 그는 여전히 함께하시는 하나님을 날마다 마주했을 것이다. 하나님께서 그가 어린 시절 꾸었던 두 꿈을 다시 떠올려주셨을 것이다. 요셉은 전능하신 하나님께서 반드시 그 꿈을 이루실 것을 기도로써 붙들지 않았을까. 그렇게 묵묵히 2년을 견뎠을 것이다. 그리고 마침내 때가 왔다.

하나님께서 바로 왕에게 꿈을 꾸게 하셨다. 그런데 아무도 해석할 자가 없었다. 그때 과거에 요셉의 해몽을 듣고 옥에서 풀려났던 신하가 요셉을 기억해내어, 그를 왕 앞에 세웠다. 요셉은 왕 앞에서도 위축되지 않고 여유와 겸손으로 당당하게 나아갔다. 진짜 왕의 자녀처럼 말이다. 그는 왕의 꿈을 명쾌하게 해석하고 지혜로운 경제 계획까지 제안했다. 이에 애굽 왕은 탄복했다.

"하나님의 영이 함께하는 사람을 이 사람 말고 어디에서 또 찾을 수 있겠느냐?"

요셉은 거친 시련을 지나며 셀 수 없는 밤을 눈물로 지새웠다. 온전히 하나님만을 의지하여 영으로 육을 이기는 믿음의 사람으로 단련되었다. 고난처럼 보였던 형통이 '진짜 형통'이었다. 하나님의 놀라운 한 수였다.

이후 요셉의 두 꿈이 현실이 되는 순간이 찾아왔다. 그는 형들과 재회하면서도 하나님의 놀라운 지혜를 따라 행했다. 한때 자신을 팔아넘겼던 형들을 동생 베냐민을 위해서는 목숨까지도 내놓도록 결단하도록 이끌며, 하나님이 그리신 크고 놀라운 그림의 퍼즐 조각을 맞춰나갔다.

"내가, 형님들이 이집트로 팔아넘긴 그 아우입니다. 그러나 이제는 걱정하지 마십시오. 자책하지도 마십시오. 형님들이 나를 이곳에 팔아넘기긴 하였습니다만, 그것은 하나님이, 형님들보다 앞서서 나를 여기에 보내셔서, 우리의 목숨을 살려주시려고 그렇게 하신 것입니다. 그러므로 실제로 나를 이리로 보낸 것은 형님들이 아니라 하나님이십니다. 하나님이 나를 이리로 보내셔서, 바로의 아버지가 되게 하시고, 바로의 온 집안의 최고의 어른이 되게 하시고, 이집트 온 땅의 통치자로 세우신 것입니다." 창 45:4,5,8

정말이지 입이 딱 벌어질 고백이다. 형들을 원망하는 것도, 그들을 너른 마음으로 용서하는 차원도 아닌, 완전히 새로운 시각이다. 육의 생각으로는 이해할 수도, 받아들일 수도 없는 말이다. 이 모든 건 요셉을 향한 큰 그림이었으며, 요셉 한 사람만이 아닌 이스라엘이 이룰 민족과 출애굽의 역사, 약속의 땅 정복과 인류를 구원할 메시아 예수님의 강림까지, 하나님의 원대한 구속사의 작은 퍼즐 조각이었다.

철없던 아이 요셉이 하나님의 역사의 한 퍼즐 조각이 되었다. 그뿐 아니라 그것을 깨닫고 감사와 찬양을 올려드리는 영의 사람이 되었다. 진정 그는 '형통한 자'였다.

하나님이 요셉의 인생을 통해 새롭게 정의해주시는 '진짜 형통'을 믿음으로 취하자. 때론 '고난'이라는 포장지로 싸여있지만, 영의 눈으로 그 안에 감춰진 진짜 형통을 볼 줄 아는 보석과도 같은 눈을 갖기를, 오늘도 예수 그리스도 안에서 하나님이 이끄시는 진짜 형통의 삶을, 육의 생각을 넘어서 성령의 생각을 따라 살아내길 기도한다.

Let's Pray

1 은연중에 세상적인 형통을 바라던 마음이 있었는지 돌아보고, 주님이 말씀하시는 '진짜 형통'의 정의가 심령에 새겨지길 기도합시다.

_____

_____

2 지금 겪는 어려움이 '고난'을 가장한 '축복의 통로'임을 믿읍시다! 이 고난을 통해 영이 살아나며, 요셉처럼 진짜 형통의 삶으로 나아가길 간구합시다.

_____

_____

3 만일 누군가와 어려운 관계 가운데 있다면, 그를 하나님의 시선으로 바라보며 용서합시다. 내 삶을 향한 하나님의 큰 그림을 보여주시길 기도합시다.

_____

_____

4 이방인 보디발과 간수장이 요셉을 통해 살아계신 하나님을 보았듯이, 내 삶을 통해 하나님을 증거할 수 있기를 기도합시다.

_____

_____

Prayer

애굽 노예로 팔린 요셉을 건지신 하나님,

아버지께서는 그를 고난 속에서 정금같이 빚어가셨습니다.

그가 오직 주님만을 의뢰하게 하셨습니다.

참된 복과 진짜 형통이 아버지에게서만 온다는 사실을

삶의 연단을 통해 깊이 깨닫게 하셨습니다.

아버지, 저도 영의 눈이 열려 '진짜 형통'을 깨닫길 원합니다.

세상이 말하는 '가짜 형통'에 끌려다니지 않겠습니다.

하나님이 주시는 꿈을 꾸며, 하나님께 붙들린 인생이 되길 원합니다.

허락하신 연단과 고난 속에서도 형통케 되는

주님의 페이버(faver)를 부어주세요.

감옥처럼 느껴지는 삶의 문제와 답답함 속에서도

주님만 바라보게 해주세요. 주님이 제 문이요, 길이요, 미래이십니다.

제 인생이 하나님나라의 퍼즐 조각이 되길 소망합니다.

그 참된 영광을 위해 주어진 자리에서

인내하고, 감사하고, 사랑하며, 충성스럽게 살게 하소서.

예수님의 이름으로 기도합니다, 아멘.

DAY 13

하나님이 주신 새 이름, 기드온

사사기 6장-7장

주님의 천사가 기드온을 찾아와 말을 건넸다.

"힘센 장사(큰 용사, 개역개정)야, 주님께서 너와 함께 계신다."

이 말을 들은 기드온은 몹시 민망했을 것이다. 미디안 사람들이 몰려와 먹을 것을 몽땅 앗아가 버려서, 몰래 포도주 틀에서 밀이삭을 타작하고 있었기 때문이다. 그런 자신에게 큰 용사라니, 주님이 함께 계신다니, 어울리지 않는 말이었다.

'기드온과 300용사' 이야기를 우린 이미 알고 있지만, 당사자인 기드온에게는 얼토당토않은 이야기였다. 그는 자신을 나약한 겁쟁이에 불과하다고 여겼다. 하지만 하나님 아버지께서는 그에게 천사를 보내서 "힘센 장사"라는 별칭을 붙여주셨다. 그리고 실제로 주님이 함께하시며 그분의 뜻을 부으시자, 기드온은 진정한 용사로 거듭났다.

처음 천사가 말을 건넬 때, 기드온의 반응에는 현실을 비관한 육의 생각이 고스란히 나타났다.

"주님께서 우리와 함께 계신다면, 어째서 이 어려움을 겪습니까? 우리

조상이 주님께서 놀라운 기적을 일으키시어 애굽에서 인도해 내셨다고 말했는데, 그 모든 기적이 다 어디 있단 말입니까? 이제 주님께서 우리를 버리기까지 하셔서 미디안의 손아귀에 넘어가고 말았습니다"(삿 6:13).

사실 이 고난은 이스라엘 백성들의 죄로 인함이었다. 하지만 주님은 기드온과 논쟁하지 않으셨다. 더 정확히 말하면 그의 비뚤어진 육의 생각에 답하지 않으셨다. 오히려 그가 힘센 장사임을 상기시키며, 하나님 안에서의 새로운 정체성과 부르심을 던져주셨다. 그가 영의 생각, 믿음의 생각을 하도록 깨우신 거였다.

"너에게 있는 그 힘을 가지고 가서, 이스라엘을 미디안의 손에서 구해라. 내가 친히 너를 보낸다"(삿 6:14).

이에 기드온은 여전히 자신이 부족하다고 대답했다.

"제 가문은 므낫세 지파 가운데서도 가장 약하고, 저는 아버지의 집에서도 가장 어린 사람입니다"(삿 6:15).

이것이 육의 시선으로 자신을 바라볼 때의 정체성이다. 하지만 하나님은 포기하지 않으시고 그에게 새로운 정체성을 거듭 부여하셨다.

"내가 반드시 너와 함께 있을 것이니, 네가 미디안 사람들을 마치 한 사람을 쳐부수듯 쳐부술 것이다"(삿 6:16).

"내가 반드시 너와 함께 있을 것이니", 이것이 우리의 정체성이다. 주님과 함께하고, 주님 안에 거하고, 온전히 주님의 것이 되어, 주님 뜻을 이루는, 내가 죽고 예수님으로 사는 주님의 자녀(롬 14:8).

기드온은 육의 생각과 하나님의 말씀, 이 갈림길에서 믿음의 표징을 구했고, 하나님께서는 그의 요구에 친히 응답해주셨다.

아버지로서 갈팡질팡하는 자녀를 기꺼이 도우셨다. 그러자 기드온에게 영의 생각, 믿음의 생각이 일어나기 시작했다.

드디어 그날 밤, 그는 하나님의 명령을 감행했다. 바알의 제단을 헐고 아세라 상을 찍어버렸다. 더 이상 몰래 숨어 밀이삭을 타작하던 겁쟁이가 아니었다. 현실을 비관하며 자신을 연민하던 자가 담대히 우상을 헐어버리는 하나님의 큰 용사로 거듭났다.

이튿날, 이를 본 사람들이 누구의 소행인지 추적해서 기드온의 아버지 요아스에게 몰려가 한껏 따졌다. 하지만 요아스는 아주 명쾌하고도 지혜롭게 답했다.

"당신들이 바알의 편을 들어 싸우겠다는 것이오? 당신들이 바알을 구할 수 있다는 말이오? 누구든지 그의 편을 들어 싸우는 사람은 내일 아침에 죽음을 면하지 못할 것이오. 만일 바알이 신이라면, 자기 제단을 헌 사람과 직접 싸우도록 놔두시오"(삿 6:31).

스스로를 구원하지 못하는 거짓 신 바알을 둘러싸며 분노하는 이스라엘 백성을 향해 일침을 놓은 거였다. 그들은 풍요와 번영을 꿈꾸며 바알과 아세라 우상을 섬겼지만, 돌아온 건 가난과 고통뿐이었다. 하나님을 등진 채 삶의 안락함에 집착할수록 그와 더욱 멀어진다는 사실을 이토록 깨닫지 못하다니, 영의 눈이 멀어버린 결과였다.

때마침 미디안과 아말렉 사람과 사막 부족이 다시 몰려왔다. 기드온은 이전과 달랐다. "주님의 영이 기드온을 사로잡으니"(삿 6:34). 하나님의 영에 붙들려 강하고 담대한 그에게 하나님께서는 믿음의 도전을 하셨다. 숱하게 몰려든 군사들을 다 돌려보내고, 단 300명만 남기라는 거였다. 이스라엘 백성이 제힘으로 승리했다고 스스로 자랑하며 하나님을 놓칠까 염려하셨기 때문이다. 그것은 하나님께서 기드온을 통해 궁극적으로 회복시키고자 하시는 뜻을 훼손하는 일이었다.

여기서 놀라운 건, 자신을 작은 자라 여겼던 기드온이 이 비현실적인 믿음의 도전에 "아멘"으로 순종했다는 점이다. 그는 진정 하나님의 뜻을 그대로 따를 줄 아는 영의 사람, 믿음의 사람으로 성장해 있었다. 나아가 자신의 믿음을 함께 참전하는 동역자들에게도 선포하는 영향력 있는 믿음의 통로가 되었다.

과연 이스라엘 백성은 하나님의 말씀대로 대승을 거두었다. 사실 승산 없는 전투였다. 적군이 바닷가의 모래알처럼 헤아릴 수 없이 많았고, 기드온의 300용사는 정예군이 아닌 평범한 백성이었다. 그러나 하나님께 붙들려 용사로 거듭났기에 말도 안 되는 방법으로 승리할 수 있었다.

모두가 보았다. 하나님께 붙들린 자에게 놀라운 페이버가 부어진다는 것을. 전쟁의 승패가 개인의 능력이 아닌 오직 하나님 뜻에 달려있음을. 육의 생각으로는 결코 하나님의 계획을 따라갈 수 없음을.

우리가 아직 죄인이었을 때, 주님께서 먼저 찾아오셨다. 그리고 보배로운 예수님의 피로 우리를 새롭게 하셨다. 두려움에 떨고 있는 그 자리에 찾아오사 '왕의 자녀'라는 새로운 정체성을 주셨다.

낙망과 자조의 시선을 벗어 던지고, 영의 생각과 시선으로 하나님의 뜻을 따르자. 성령님이 주시는 생각을 붙들며 감사와 기쁨을 발견하자.

1 두려움에 휩싸인 삶의 자리가 있나요? 연민의 눈을 들어, 내게 찾아오사 '큰 용사'라 불러주시는 주님 음성에 귀 기울입시다.

_____

_____

2 내 안에 죽어야 할 육의 생각이 있다면 집중적으로 파쇄합시다. '주님의 자녀'라는 새로운 정체성대로 영의 생각이 살아나기를 기도합시다.

_____

_____

3 주님이 믿음의 순종을 요구하시는 영역이 있나요? 도전할 용기를 부어주시길, 오직 주님만 의지하여 승리를 맛보길 기도합시다!

_____

_____

4 주변에 삶의 어려움으로 힘들어하는 영혼이 있나요? 그들이 주님을 만나 새 정체성을 받고 큰 용사로 변화하길 기도합시다. 함께 주님의 자녀가 되는 은혜를 누리길 간구합시다.

_____

_____

Prayer

몰래 밀이삭을 타작하던 기드온에게 나타나신 아버지,

주님이 그를 '큰 용사 기드온'이라고 불러주셨습니다.

그의 두려움과 의심과 염려를 소멸하시고, 담대함을 부어주셨습니다.

그의 마음에 영의 생각, 믿음의 생각이 자라나게 하셨습니다.

아버지의 영으로 붙드셔서

하나님을 증거하는 큰 용사로 변화시키셨습니다.

승산이 없던 전쟁을 직접 싸우시며 승리로 이끄셨습니다.

기드온에게 순종할 믿음과 담대함을 부어주신 하나님을 찬양합니다.

제게도 예수 그리스도 안에서 '왕의 자녀'라는

새 정체성을 주심에 감사합니다.

제 연약함에 속지 말고, 믿음의 눈으로 이 정체성을 붙들겠습니다.

성령님, 제 안에 영의 생각을 창조하시고 자라나게 해주세요.

주님 뜻에 붙들려, 주님이 기뻐하시는 삶을 사는 큰 용사가 되게 해주세요.

저를 새롭게 하시는 주님의 사랑과 능력을 찬양합니다.

예수님의 이름으로 기도합니다, 아멘.

DAY 14

영혼을 낚는 자,
베드로

누가복음 5:1-11

허탕이다. 밤새 수고하여 그물을 내리고 또 내렸건만 완전 실패다. 밤새 한숨도 못 자고, 땀 흘리며 애썼지만, 물고기가 코빼기도 안 보인다.

게네사렛 호숫가에서 마음은 허탈하고 몸은 지쳐버린 어부들이 그물을 씻고 있다. 허무한 하루를 마감하려는 이들 앞에 갑자기 시끌벅적한 무리가 몰려온다.

다름 아닌, 소문만 무성하던 '예수'라는 분이 나타나신 거였다. 그분을 쫓느라 야단인 광경을 어부들은 신기하게 바라보았다. 그때 예수님이 어부인 시몬 베드로의 배에 오르시는 게 아닌가!

"육지에서 배를 조금 띄워주겠소."

부드러운 목소리, 말할 수 없는 위엄이 베드로를 압도했다. 그는 홀린 듯 예수님의 청대로 배를 띄우고는, 엉겁결에 그 옆에 앉아 말씀을 들었다. 몹시 지쳐있던 와중에 급작스레 일어난 일이었지만, 예수님의 말씀은 난생처음 들어보는, 아주 깊이 있고 놀라운 하나님의 말씀이었다. 베드로는 생각했을 것이다.

'과연 소문대로 보통 분이 아니시구나.'

예수님이 말씀을 마치시자 무리도 돌아갔다. 그런데 예수님은 돌아가시지 않고 남아, 베드로에게 말을 건네셨다.

"깊은 데로 나가, 그물을 내려서, 고기를 잡아보시오."

이번엔 곤란한 청이었다. 밤새도록 수고했는데 허탕이었다. 게다가 이 아침 시간에 깊은 곳은 물고기가 잡히지 않을 게 뻔했다. 몸이 부서질 것처럼 피곤한데 또 들어가서 그물을 내리라니, 그물도 다 씻어두었는데…. 하지만 예수님의 고귀하고 위엄 있는 음성을 거부할 수 없었다. 베드로가 말했다.

"선생님, 우리가 밤새도록 애를 썼으나, 아무것도 잡지 못했습니다. 그러나 말씀을 따라 그물을 내리겠습니다."

그 결과… 그물이 찢어지도록 엄청난 양의 고기가 잡혔다. 배에 다 실을 수가 없어 다른 배의 어부들까지 불러야 했다. 배가 가라앉을 지경이었다. 하지만 고기가 많이 잡혔다고 그저 좋아할 게 아니었다. 지금껏 경험해보지 못한, 듣도 보도 못한, 상식을 뛰어넘는 일을 맞닥뜨리면, 사람은 기쁨을 넘어 두려움을 느낀다. 그 일은 베드로에게 경외심을 불러일으켰다.

'이분은 선지자가 아닌, 정말 하나님의 아들, 메시아이실지도 모른다!'

온 민족이 그토록 기다리던 하나님의 아들을 코앞에서 마주하다니, 베드로는 다리에 힘이 풀려 예수님의 무릎 앞에 엎드려 말했다.

"주님, 제게서 떠나주십시오. 저는 죄인입니다."

예수님은 따뜻하고 근엄한 목소리로 말씀하셨다.

"두려워하지 마라. 이제 너는 사람을 낚는 어부가 될 것이다."

부드럽고도 강렬한 부르심에 그는 심장이 두근거렸다. 그토록 원했던 만선이었지만, 그는 모든 걸 버려두고 즉시 예수님을 따라갔다. 고기 잡는 어부에서 사람을 낚는 어부로 새 인생이 열리는 순간이었다.

당신에게도 이 같은 삶의 자리가 있는가? 밤새 허탕을 치고 피로에 절어 그물을 씻는 어부들처럼, 갖은 애를 쓰며 달려왔건만 별 수확 없이 심신이 지쳐버린 삶의 자리. 우연을 가장한 필연으로 예수님이 그 자리에 찾아오신다. 오셔서 모든 허탈과 우울감을 뒤집으신다. 땅의 것을 좇느라 지쳐버린 눈을 하늘로 들어 올리시며 산 소망을 주신다.

그토록 내 힘으로 수고해도 얻을 수 없었던 것들의 공급자가 우리 하나님이심을 깨달을 때, 역설적으로 그것을 움켜쥐던 손에 힘이 풀린다. 아버지가 모든 걸 소유하신 분이라면, 내가 하나라도 더 소유하겠다고 발버둥 치지 않아도 되기 때문이다. 되려 아버지께서 주목하시고 가치 있게 여기시는 일을 배우고 따라가게 된다.

하나님 아버지는 천지 만물을 지으신 분이다. 온 우주를 다스리고 움직이시는 조물주시다. 그분은 자녀에게 필요한 모든 걸 공급하신다. 그리고 아버지의 집은 이 땅이 아닌 하늘에 있다. 그러니 잠깐 살다 가는 나그네 인생에 잔뜩 힘주는 건 어리석다. 하늘 시민권을 가진 자녀는 이 땅에서 아버지의 뜻을 따라 받은 달란트로 충성을 다해 살다가, 때가 되면 본향으로 돌아가면 된다. 그곳에 준비된 상과 면류관을 향해.

베드로도 영의 눈이 열리자, 평생의 업인 고기잡이와 그토록 기원했던 수백 마리 고기를 뒤로한 채, 예수님을 따라나섰다. 하늘에 시민권을 둔, 사람 낚는 어부로서 첫발을 디뎠다.

그는 본격적으로 예수님과 함께 다니며 부르심에 합당한 자로 다듬어지는 제자훈련을 시작했다. 말씀이 육신이 되어 오신 예수님의 살아있는 말씀을 날마다 들으며, 주님이 행하시는 놀라운 사랑의 기적을 목격했다. 하나님의 자녀로서 어떻게 살아야 하는지도 지켜보았다. 예수님을 너무도 사랑하게 되었고, 그분께 생명까지 내드리고 싶었다.

그러나 그는 십자가 앞에서 처절하게 무너졌고, 마가 다락방에 숨어 혼란의 시간을 보냈다. 하지만 그마저도 예언하셨던 예수님이 부활하셔서 그를 다시 만나주셨다.

이후 사도행전에서 그는 주님의 사도로 멋지게 활약했다. 성전 미문의 앉은뱅이를 예수님의 이름으로 일으켰고, 한 번의 설교로 성인 남자 5,000명을 그 자리에서 회심시키는, 진정한 사람 낚는 어부로 거듭났다. 매 맞고 고난받아도 복음으로 인해 기뻐하고, 복음을 위해 목숨까지 바치며 많은 영혼을 낚아 아버지께 안겨드렸다. 그가 본향으로 돌아가는 날, 예수님이 그를 얼마나 뜨겁게 안아주셨을까!

우리도 예수님과의 만남으로 새 인생이 열렸다. 베드로처럼 이 땅에서 움켜쥔 것들을 버려두고, 받은 소명을 따라 뜨겁게 충성하다가 아름답게 돌아가길 바란다. 저 하늘나라 본향에서 예수님과 베드로 선배가 뜨겁게 맞아주실 거다.

Let's Pray

1 예수님이 내게도 찾아와 주시길 기도합시다. 지친 삶이 예수님을 만남으로 산 소망을 갖게 되고, 위로와 힘을 얻기를 기도합시다.

_____

_____

2 내 상황과 생각을 뛰어넘어, 믿음의 그물을 던져야 할 영역이 있나요? 스스로 제한하는 삶의 영역을 놓고 아버지의 뜻을 구합시다. 영의 눈이 열려 살아계신 주님을 바라볼 수 있기를 기도합시다.

_____

_____

3 내게 주신 달란트와 사명이 무엇인지 구합시다. 실패를 딛고 거듭나서 사도의 삶을 살았던 베드로처럼 거듭난 사명의 삶을 살아가길 기도합시다.

_____

_____

4 이 땅에 움켜쥔 것들이 있나요? 과감히 내려놓고, 소명을 따르는 인생이 되길 간구합시다.

_____

_____

Prayer

먹고사는 일에 매여 지쳐있던 베드로를 찾아오신 주님,

제게도 찾아와 주세요.

저 역시 바쁘다는 핑계로 주님을 찾지 않았습니다.

이제는 움켜쥔 것들을 내려놓고, 제게 생명을 주시고

산 소망이 되시는 구주 예수님을 바라보겠습니다.

베드로처럼 아버지의 말씀을 의지하여 믿음의 그물을 던지겠습니다.

제 지식과 환경을 뛰어넘어, 오직 주님을 향한 믿음으로 던지겠습니다.

베드로를 사람 낚는 어부로 새롭게 하신 예수님,

저도 삶의 자리에서 소명을 깨닫길 원합니다.

이 땅에서 먹고사는 일에 매진하지 않고

하나님나라와 영혼 구원에 소망을 두며 살아가길 기도합니다.

예수님을 더 알고, 더 깊이 사랑하길 원합니다.

날마다 주님과 동행하길 간절히 소망합니다.

예수님의 이름으로 기도합니다, 아멘.

DAY 15

빛나는 십 대 1.
하나님 손에 길러진 아들, 사무엘

사무엘상 1장, 3장

'십 대' 하면 질풍노도, 방황, 미성숙, 지독한 사춘기 등의 수식어가 떠오른다. 그런데 이 단어들을 무색하게 만드는, 빛나는 십 대들이 성경에 등장한다. 바로 사무엘, 다윗, 다니엘이다. 그들의 이 시기는 아름다웠고, 강인했으며, 순종적이었다.

사무엘은 오랜 난임으로 마음고생하던 한나의 눈물 어린 기도의 열매였다. 하나님 앞에 엎드려 통곡하던 그녀를 하나님께서 돌아보시고 열어주신 귀한 생명이었다.

한나는 주님께 나아가 흐느껴 울며 서원했다.

"만군의 주님, 주님께서 주님의 종의 이 비천한 모습을 참으로 불쌍히 보시고, 저를 기억하셔서, 주님의 종을 잊지 않으시고, 이 종에게 아들을 하나 허락해주시면, 저는 그 아이의 한평생을 주님께 바치고, 삭도를 그의 머리에 대지 않도록 하겠습니다"(삼상 1:11).

하나님께서는 그녀의 눈물을 기억하시고 서원을 받으셨다. 한 맺힌 여인의 눈물이 기쁨이 되고 찬양이 되게 하셨다.

그녀는 그렇게 받은 아들을 약속대로 주님께 드렸다. 젖을 뗀 후 아이를 성전에 드렸다고 기록된 것으로 보아 3,4세쯤이었을 것이다. 우리도 마음이 몹시 가난하고 힘겨울 때, 하나님께 이런저런 약속을 드리곤 한다. 하지만 막상 응답을 받으면 마음이 변하거나 잊을 때가 있다. 죄인 된 인간의 마음은 이처럼 변덕스럽고 변화무쌍하다.

하지만 한나는 주님과의 약속을 기억했고, 성실하게 지켰다. 눈에 넣어도 안 아플 귀하디귀한 아이를 주님께 드렸다. 말로만이 아니라 실제로 성전에 맡겼다. 육의 정으로는 절대 할 수 없는 일이었다. 성령께서 그녀를 이끄셨기에 가능했다. 한나는 영의 사람, 믿음의 사람이었다.

게다가 그녀는 한 서리게 울며 아이를 힘겹게 떼어놓지 않았다. 여호와를 전심으로 경배하며 믿음으로 아이를 맡겼다. 그렇게 사무엘은 어린 나이에 부모를 떠나 하나님의 집, 성전에서 "주님을 섬기는 사람"으로 자라났다(삼상 2:11).

성전 청지기인 엘리 제사장이 그의 대부였다. 그러나 엘리의 두 아들, 홉니와 비느하스는 행실이 몹시 악했다. 아버지가 자기들을 아끼므로 정작 하나님 아버지를 두려워하지 않았다. 죄에서 돌이키기는커녕 더 담대하게 죄를 지었다. 자기들이 가장 높은 줄 알았다. 그래서 육신의 아버지를 대하듯 하나님 아버지의 말씀도 가볍게 여겼다. 결국 하나님께서는 이 두 아들을 죽이기로 하셨다.

반면, 고아 신세와도 다름없던 사무엘은 하나님을 경외하는 자로 잘 자랐다고 성경은 기록한다(삼상 2:21, 26). 그는 하나님 손에 길러졌다. 하나님께서 참부모가 되어주셨다. 어린 나이에 부모와 생이별하고, 엘리 제사장 밑에서 눈칫밥을 먹어가며 가련하게 자랐을 것 같지만, 결코 그렇지 않았다.

한나에게 서원할 마음을 주신 분도, 그 거룩한 소원을 따라 순종하여 바친 아들 사무엘을 받으신 분도 하나님이셨다. 살아계신 하나님께서 직접 사무엘을 돌보고 기르셨다. 그는 태에서부터 믿음으로 심겼고, 믿음으로 성전에 드려졌으며, 믿음으로 하나님의 집에서 자라났다. 모태에서부터 온전히 하나님의 것이었다.

하지만 정작 성전 청지기로 부름 받은 엘리는, 그의 두 아들을 오직 자기 품에 끼고 자기의 사랑으로 키웠다. 육신적으로는 풍족하게 채워주었으나 주의 교훈으로 훈계하지 않았다. 힘없는 솜방망이로 징계하는 시늉만 냈을 뿐이었다. 그 결과는 처참했다.

청지기가 제 역할을 상실하고 불의한 주인이 되는 순간, 그 자리를 박탈당한다. 엘리는 맡겨진 두 아들을 가장 아끼는 우상으로 만들었고, 그 어긋난 사랑은 두 아들을 죄와 죽음으로 내몰았다. 반면 사무엘은 육적으로 많은 결핍이 있어 보였지만, 하나님께서 그를 영적으로 충만하게 하셨다. 아이였지만, 하나님을 경외하고 주의 종을 섬기는 순종의 사람이었다.

당시는 사사 시대의 끝자락으로 영적으로 참 어두웠다. 사사기를 한마디로 요약하면, '자기 소견에 옳은 대로'일 정도로 여호와의 말씀이 희귀했다. 그 와중에 어린 사무엘에게 하나님의 말씀이 임했다.

이른 새벽, 사무엘은 자기를 부르는 생생한 음성을 듣고 벌떡 일어나 엘리 제사장에게로 달려갔다(이것만 봐도 엘리의 두 아들과는 확연히 다르다). 하지만 엘리가 부른 게 아니었고, 도로 가서 누운 사무엘에게 주님의 음성이 계속 들려왔다. 그날 어린 사무엘은 늙은 제사장 엘리도 평생 들어보지 못한 하나님 아버지의 음성을 들었다. 결국 엘리는 사무엘에게서 하나님의 말씀을 전해 들어야 했다.

이후 사무엘은 귀한 하나님의 종으로 성장했다. 하나님이 함께 계시므로 그의 말이 하나도 땅에 떨어지지 않았다. 이보다 복된 인생이 있을까! 사무엘은 소년의 때의 믿음을 발판 삼아 청년과 중년, 노년에 더욱 하나님의 사람으로 농익어서 하나님나라의 일꾼으로 성경에 한 획을 그었다. 그는 암울한 사사 시대에 마침표를 찍고, 왕정 시대의 문을 여는 역할을 감당했으며, 초대 왕 사울을 지나 성왕 다윗에게 기름을 붓기까지 하나님나라에 놀랍게 쓰임 받았다.

그와는 판이한 삶을 살았던 엘리와 두 아들의 말로를 보며, 우리 믿음의 현주소를 겸허히 돌아보게 된다. 자녀의 육적 필요는 풍족하게 채워주려 갖은 노력을 다하면서, 영적 결핍은 가볍게 여기지 않는가? 모태에서부터 사무엘을 믿음으로 길렀던 한나처럼, 주님께 믿음으로 자녀를 맡기는 부모가 되길 바란다.

세상이 당연시하는 십 대의 반항과 방황이 하나님을 향한 '순종'과 '경외심'으로 변하여 제2, 제3의 사무엘이, 빛나는 믿음의 다음세대가 일어나길 소망한다.

1 한나의 눈물을 기쁨과 찬양이 되게 하신 아버지께 내 삶의 문제를 들고 나아 갑시다. 주님 앞에서 울며, 간구합시다.

---

2 주님보다 더 아꼈던 우상들을 고백하며 내려놓읍시다. 하나님의 말씀을 업신 여긴 어리석음과 완악함을 회개합시다. 주님을 경외하며 말씀에 순종하는 믿 음을 부어주시길 기도합시다.

---

3 사무엘처럼 나도 주님 안에서 자라나길 기도합시다. (부모라면) 자녀를 주님 께 맡겨드립시다. 청지기로서 자녀를 향한 주님의 뜻을 구하며 키울 것을 결 단합시다.

Prayer

한나의 눈물을 닦아주신 하나님 아버지,

제 신음 소리에도 응답해주세요.

자녀의 어려움을 돌보시고

수렁에서 건지시는 주님께 나아갑니다.

주님, 제 가슴에 거룩한 소원을 품게 하시고,

그 소원을 믿음과 용기로 지키게 도와주세요.

제가 아버지께 죄를 범한 것이 있다면

이 시간 깨닫고 회개하게 해주세요.

주님보다 더 사랑하고 우상 삼은 것들을 내려놓습니다.

말씀을 뒤로한 채, 제 생각과 세상의 소리를 따라

휩쓸렸던 어리석음을 회개합니다.

이제 주님의 말씀에 주목하며 경외함으로 따르겠습니다.

왕 되신 주님을 따라 사는 지혜와 믿음을 부어주세요.

이 나라와 민족, 한국교회 가운데 한나와 같은 청지기 부모,

사무엘과 같은 믿음의 다음세대가 일어나게 해주세요.

이 세대를 본받지 않고 하나님의 선하시고 기뻐하시고

온전하신 뜻을 분별하여 따르는 믿음의 세대가 일어나길 기도합니다!

예수님의 이름으로 기도합니다, 아멘.

DAY 16

빛나는 십 대 2.
하나님을 뜨겁게 사랑한 소년, 다윗

사무엘상 16:6-13, 17:31-40

하나님이 무척 사랑하셨던 구약의 명물, 다윗. 그의 삶이 완벽했던 건 아니다. 그 역시 흠이 있고, 실수했으며, 죄인이었다. 하지만 그 누구보다 하나님과 친밀했다. 그는 죄지어 징계받을 때도 주님을 피해 도망가지 않았다. 오히려 주님 품으로 더 파고들었다. 눈물로 뉘우치는 자식을 미워할 부모가 어디 있는가. 아버지께서는 그를 사랑하실 수밖에 없었다.

다윗은 어린 시절부터 주님과 가까웠다. 양을 치는 들판에서 이미 하나님을 경험했다. 골리앗을 쓰러트린 다윗은, 자신의 힘이 아닌 하나님의 이름으로 승리할 것을 먼저 믿음으로 그려볼 만큼 하나님을 잘 아는 소년이었다.

주님께서 사무엘에게 말씀하셨다. "사울이 다시는 이스라엘을 다스리지 못하도록, 내가 이미 그를 버렸는데, 너는 언제까지 사울 때문에 괴로워할 것이냐? 너는 어서 뿔 병에 기름을 채워가지고 길을 떠나, 베들레헴 사람 이새에게로 가거라. 내가 이미 그의 아들 가운데서 왕이 될 사람을 한 명 골라놓았다." 삼상 16:1

사람의 중심을 보시는 하나님께서, 들판에서 양을 치던 소년 다윗의 중심을 보시고 그를 왕으로 택하셨다. 여덟 아들이 있는 집에서 막내가 무슨 환대를 받았겠는가. 그는 들판에서 양 떼나 치는 허드렛일을 맡은 하찮은 신세였다.

하지만 그 들판에서 다윗은 하나님을 만났다. 비가 오나 눈이 오나 양 떼를 치며 하나님께 도우심을 구했고, 설움을 토로했고, 소망을 노래했다. 하나님만을 의지하며 그분과 깊은 관계를 쌓아갔다. 다윗은 양 치는 일을 하찮게 여기지 않았다. 최선을 다했다. 아니, 목숨까지 걸었다.

골리앗과의 싸움에 나가기 전, 다윗이 사울 왕 앞에 서서 말했다.

"임금님의 종인 저는 아버지의 양 떼를 지켜왔습니다. 사자나 곰이 양 떼에 달려들어 한 마리라도 물어가면, 저는 곧바로 뒤쫓아가서 그놈을 쳐 죽이고, 그 입에서 양을 꺼내어 살려내곤 했습니다. 그 짐승이 제게 덤벼들면, 그 턱수염을 붙잡고 때려 죽였습니다. 제가 이렇게 사자도 죽이고 곰도 죽였으니, 저 할례받지 않은 블레셋 사람도 그 꼴로 만들어놓겠습니다. 살아계시는 하나님의 군대를 모욕한 자를 어찌 그대로 두겠습니까"(삼상 17:34-36)?

그는 사자나 곰으로부터 양 떼를 지키고자 목숨 걸고 싸웠다. 단순히 객기가 아니었다. 하나님이 주신 용기였고, 하나님이 지켜주신 생명이었다. 그는 십 대였지만, 누구보다 하나님과 친밀했고, 살아계신 그분의 사랑과 능력을 매일 경험했다.

블레셋 군대가 진을 치고, 골리앗이 40일이나 아침저녁으로 하나님과 그분의 군대를 모욕하며 소리쳐도 분개하는 어른 하나 없었다. 되려 무서워 벌벌 떨었다. 그런데 하나님을 너무도 사랑했던 소년 다윗은 형들의 도시락 배달을 왔다가 심장이 끓어올랐다.

'저 할례받지 못한 골리앗, 하나님을 모르는 이방 잡것이 우리 살아계신 하나님을 모욕하다니!'

화가 나 견딜 수가 없었던 그는 사울 왕에게 당당히 나아갔다.

"왕이시여, 저놈 때문에 사기를 잃어서는 안 됩니다. 임금님의 종인 제가 나가서, 저 블레셋 사람과 싸우겠습니다"(삼상 17:32)!

소년이 어른을 어르고 달래는 모습이라니. 사실 다윗은 이미 사울 왕을 돕는 자였다. 하나님을 떠난 사울에게 악신이 들리자, 여호와의 충만한 영으로 수금을 타는 소년 다윗이 그에게 와서 수금을 탔고, 그로 인해 악신이 떠나가지 않았는가(삼상 16:23). 다윗은 하나님을 뜨겁게 찬양하는 영성 있는 찬양사역자이기도 했다.

이후 소년 다윗은 사울의 투구와 갑옷을 마다하고, 들판에서 쓰던 물맷돌로 골리앗에게 나아가 맹수를 때려잡던 평소 실력으로 대승을 거두었다. 하나님께서 그에게 용기를 부어주셨고, 승리를 안겨주셨다. 그리고 그를 이스라엘의 차기 왕으로 세워가셨다. 하나님을 뜨겁게 사랑한 다윗의 인생을 꽉 붙드시고, 이끌어가셨다.

다윗은 아버지 이새가 선지자 사무엘 앞에 그를 세우지 않을 정도로 천대받았다. 사무엘조차 장자 엘리압의 용모와 키를 보고 그에게 기름부으려 했으나, 하나님께서 외모를 보지 말라고 엄중히 말씀하셨다.

"사람은 겉모습을 따라 판단하지만, 나 주는 중심을 본다"(삼상 16:7).

영이신 하나님께서는 우리의 영혼을 바라보신다. 다윗의 영성이 길러진 광야와 같던 들판의 양치기 자리는, 사람의 눈에는 거칠고 저급한 일로 보일 수 있었지만, 그 어느 곳보다 하나님을 의지하고 경험하는 최적의 자리였다.

장대만 한 키에 위협적이던 골리앗 역시 얼핏 두려움의 대상처럼 보였지만, 믿음의 눈을 열면 크고 두려우신 하나님 앞에 멋모르고 짖어대는 작은 개와 같은 존재일 뿐이었다. 어린 소년일지라도 하나님의 영이 함께했기에 이 모든 게 보였다. 그래서 용맹스럽게 자신을 드릴 수 있었다.

육신의 편견은 영적인 시선을 가로막는다. 세상 가치에 둘러싸여 외모를 가꾸는 일에만 마음을 빼앗기지 말고, 중심을 보시는 하나님 앞에서 내 중심을 점검하길 바란다. 혹 내가 있는 자리가 거칠고 황량한 광야 같은 들판이라면, 지금이야말로 살아계신 하나님을 깊이 만날 최적의 시간임을 믿음의 눈으로 바라보자. 또한 골리앗과 같은 크고 두려운 문제 앞에 있다면, 그보다 심히 크고 엄위하신 하나님 아버지를 발견하는 믿음의 눈이 열리길 기도한다.

Let's Pray

1 춥고 외로운 들판에서 양 떼를 치며 하나님을 경험했던 다윗처럼, 지금 있는 자리에서 주님을 만나길 기도합시다.

_____

_____

2 다윗은 양 치는 자리를 경홀히 여기지 않고, 충성을 다했습니다. 아래 말씀을 소리 내어 선포하며, 맡겨진 일을 주께 하듯 사랑과 충성으로 감당하길 기도합시다.

무슨 일을 하든지 사람에게 하듯이 하지 말고, 주님께 하듯이 진심으로 하십시오.
골 3:23

3 골리앗과 같은 삶의 문제가 앞을 가로막고 있습니까? 믿음의 눈이 열려 문제보다 크신 주님만 의지하며 이겨내게 해달라고 간구합시다.

_____

_____

4 내 마음의 중심에는 주님이 계신가요? 삶의 우선순위를 점검하며, 주님이 기뻐하시는 일을 최우선으로 삼기로 결단합시다.

_____

_____

Prayer

외로운 들판에서 양을 치면서도
오직 하나님만 의지했던 소년 다윗을
아버지께서는 마음에 쏙 들어 하셨습니다.

아버지, 저도 다윗처럼 어느 자리에서건
오직 주님만을 의지하며 주님과 모든 것을 함께하고 싶습니다.

일의 귀천을 따지지 않고 주께 하듯 충성하며
아버지를 사랑함으로 모든 걸 기쁨으로 견디길 원합니다.

아버지를 기쁘시게 해드리는,
아버지 마음에 쏙 드는 믿음의 사람이 되고 싶습니다.

이제 사람의 눈을 의식하며 인정받으려 버둥거리지 않겠습니다.

아버지의 사랑으로 영혼을 섬기되
중심을 보시는 하나님 앞에 합당한 자로 살게 해주세요.

다윗이 삶의 희로애락을 아버지께 나누었던 것처럼
기쁨과 감사, 연약함과 어려움을 주님께 들고 나아갑니다.

저를 건지시고 돌보시고 힘을 주세요.

이 모든 것을 허락하신 주님을 찬양합니다.

예수님의 이름으로 기도합니다, 아멘.

빛나는 십 대 3.
지혜롭고 순결한 비밀병기, 다니엘

다니엘서 1장-3장

> 다니엘은 왕이 내린 음식과 포도주로 자기를 더럽히지 않겠다고 마음을 먹고,
> 환관장에게 자기를 더럽히지 않을 수 있도록 해달라고 간청하였다. 단 1:8

이렇게 야무지고 똑 부러지는 십 대가 있을까! 이것이 진정한 자존감이
요, 뛰어난 지혜다. 다니엘과 세 친구는 나라를 잃고 포로로 끌려간 기구
한 운명의 소년들이었다. 그들은 이스라엘 자손 중에서 차출된, 왕족과
귀족 출신의 흠이 없고 용모가 아름다우며 지식에 통달한 소년들로 바벨
론 왕궁에서 바벨론 학문을 배워야 했다. 출신 배경이 고귀하고, 왕궁으
로 끌려갔어도 포로 신분이었다. 고향을 떠나 이방 땅에서 새 이름을 받
아 새 언어와 학문을 익히는 일이 얼마나 외롭고, 무섭고, 고달팠을까.

그러나 소년 다니엘은 왕이 내린 음식과 포도주로 자기를 더럽히지 않
겠다고 '마음을 먹었다'(뜻을 정했다). 그 혼란스러운 상황에, 십 대 소년이
바람에 나는 겨와 같이 휩쓸리질 않았다. 되려 비둘기 같은 순결함과 대
쪽 같은 절개를 지켰다. 그는 환관장에게 예의 바르면서도 담대한 태도

로 자신과 세 친구를 시험해볼 것을 제안했다. 그 결과 왕의 음식을 먹은 다른 소년들보다 다니엘과 세 친구의 얼굴이 더 아름답고 윤택했다. 그리하여 뜻을 정한 대로 자신들을 거룩하게 지킬 수 있었다.

그들은 어렸지만, 탁월한 영성을 가진 소년들이었다. 어려서부터 말씀으로 신앙교육을 잘 받은 이들이었다. 비록 나라 잃은 심판의 때를 살았지만, 왜 민족이 심판을 받아야만 했는지 말씀을 통해 배웠고, 이 시련의 때를 오직 믿음으로 견뎌야 함을 알았다. 바벨론으로 그들의 육신이 옮겨졌지만, 오직 하나님 앞에서 살고자 했다.

그런 소년들의 믿음의 분투를 하나님께서도 강력히 지지하셨다. 그 은혜가 이방인 환관장과 바벨론 왕의 눈에도 보였다. 하나님께서 그들에게 부으신 지혜와 총명이 그 어떤 바벨론의 지혜자들보다 무려 열 배나 뛰어났다고 성경은 말씀한다.

하나님은 이 네 젊은이들이 지식을 얻게 하시고, 문학과 학문에 능통하게 하셨다. 그 밖에도 다니엘에게는 환상과 온갖 꿈을 해석하는 능력까지 주셨다. 왕이 그들과 말하여 보니, 그들 가운데서 다니엘과 하나냐와 미사엘과 아사랴가 가장 뛰어났으므로, 그들로 왕을 모시게 하였다. 왕은 그들에게 온갖 지혜나 지식에 관한 문제를 물어보고서, 그들이 전국에 있는 어떤 마술사나 주술가보다도, 열 배는 더 낫다는 것을 알았다. 단 1:17,19,20

이후 다니엘과 세 친구가 어떻게 바벨론에서 살았으며, 위기를 넘겼는지는 너무도 유명한 이야기다. 금 신상에 절하지 않아 풀무불에 들어갔지만 털끝 하나 상하지 않았고, 매일 하루 세 번씩 기도하기를 포기하지 않아 사자 굴에 던져졌지만 멀쩡하게 걸어 나오는 믿기 힘든 기적이 일어났다. 게다가 세 친구는 풀무불 앞에서, 하나님께서 건져주시지 않더라도 하나님을 향한 믿음을 결코 져버릴 수 없다고 고백했다. 또한 다니엘이 21일 동안 기도하며, 실제적인 영적 세계에서 어떤 일이 일어나는지 생생하게 증언해주었다.

이 놀라운 이야기가 그저 감동을 주는 이야기로 끝나서는 안 된다. 오늘날 우리가 다니엘과 세 친구가 되고, 우리의 자녀와 다음세대가 그들처럼 일어나길 간절히 기도한다.

그들이 뜻을 정했던 것처럼, 우리도 보배로운 예수님의 피로 거듭난 하나님의 자녀답게 우리를 지켜내기 위해 뜻을 정하자. 육신의 소욕에 나를 쉽게 내어주지 말고, 성령을 따르고자 날마다 말씀과 기도의 전신갑주를 입자. 우리가 뜻을 정할 때, 하나님께서 다니엘과 세 친구를 보호하시고 온전히 함께하셨던 것처럼 우리를 붙드시고 지지하실 것이다.

또한 다니엘처럼 기도할 때, 영적 세계에서 전쟁이 일어난다. 어둠의 세력이 무너지고 하나님나라와 뜻이 임한다. 하나님께서는 우리에게 '말씀과 기도'라는 생명의 진리와 강력한 도구를 허락하셨다.

바벨론과 같은 이 세상에서 다니엘과 세 친구처럼 빛과 소금으로 살아내자! 주님이 그들의 위기를 기회로 바꾸셨듯이 우리에게도 합력하여 선을 이루실 것이다. 하나님나라를 바라보고 기도할 때 지혜와 계시와 환상을 부으실 것이다. 오직 주님께 소망을 두자! 많은 사람을 옳은 데로 이끄는 하늘의 별과 같은 삶으로 인도하시리라.

1 내가 처한 힘든 상황 속에서 하나님의 말씀을 따라 뜻을 정합시다. 아래 말씀을 소리 내어 선포하며, 결단하는 기도를 드립시다.

그러므로 사랑하는 여러분, 우리에게는 이러한 약속이 있으니, 육과 영의 모든 더러움에서 떠나서, 자신을 깨끗하게 하며, 하나님을 두려워하는 가운데 온전히 거룩하게 됩시다. 고후 7:1

_____

_____

_____

2 죽음의 위협 앞에서도 기도를 놓지 않았던 다니엘처럼 기도의 사람이 되길 소망합시다. 현재 내 삶에 기도로 싸워야 할 제목을 주님께 올려드리며 기도로 싸웁시다.

_____

_____

_____

3 우리나라 어린이와 청소년들이 다니엘처럼 뜻을 정하여 거룩함을 지키는 믿음의 다음세대로 자라나길 기도합시다.

_____

_____

_____

Prayer

아버지, 다니엘처럼 저도 오직 주님의 말씀만을 사랑하며

그 말씀에 뜻을 두기로 정합니다.

수많은 위기와 어려움에도 죽음을 각오하고 주님을 따를 때

강하게 붙드시고 위기를 기회로 바꿔주시는

하나님의 놀라운 사랑과 능력을 찬양합니다.

아버지, 제가 주님만을 따르겠습니다.

제 삶의 풀무불과 두려운 사자 굴에서 건져주세요!

견뎌야 한다면 인내를 부어주시고,

피할 수 있다면 피할 길을 내주세요.

주님만이 피난처요 반석이심을 고백합니다.

다니엘처럼 저도 날마다 골방에서 주님을 뵙겠습니다.

죽음을 불사하며 기도의 자리를 지켰던 다니엘의 믿음을 부어주세요.

기도를 통해 주님을 만나고, 주님의 사랑을 힘입어,

세상의 빛과 소금으로 살길 원합니다.

많은 사람을 옳은 데로 이끄는 사랑의 통로가 되게 하소서!

또한 우리나라의 다음세대가 다니엘과 세 친구처럼

믿음의 용사로 자라나게 하소서!

예수님의 이름으로 기도합니다, 아멘.

육의 사람 1.
사람을 두려워한 왕, 사울

사무엘상 15:10-31

하나님 마음에 합했던 다윗과 달리, 육의 생각에 붙들려 살았던 다윗 주변의 인물들이 있다. 바로 사울, 나발, 요압, 압살롬이다. 그들의 삶을 통해 우리의 중심을 돌아보자.

사울은 눈에 보이지 않는 하나님보다 눈에 보이는 사람들을 훨씬 더 의식했다. 그가 늘 신경 쓰고, 마음에 담아두고, 그의 자존감을 결정짓는 근거의 대부분이 사람의 인정이고 평가였다.

그는 유력한 가정에서 태어나 큰 키에 준수한 외모를 가진, 소위 '엄친아'라 불릴 만한 소년이었다. 사무엘에게 왕을 세워달라며 부르짖던 이스라엘 백성에게 하나님께서는 이 베냐민 지파의 준수한 소년 사울을 왕으로 낙점하셨다. 백성의 눈에도 사울은 왕이 되기에 제격인 듯 보였다.

그의 출발은 제법 순조로웠다. 그는 겸손한 마음으로, 하나님의 영에 크게 감동되어 길르앗 야베스의 동족들을 암몬으로부터 구해냈다. 이스라엘 각지에서 군사들을 모아 전쟁을 치르는 과정도 훌륭했다. 또한 승리 이후, 하나님께 영광을 돌리며 자신을 반대했던 사람들까지 품는 왕다운 면모도 보여주었다. 하나님의 영에 붙들린 그는 부어주시는 은혜로 멋지게 출발했다.

하지만 왕으로서 다스린 지 2년이 되었을 때, 그의 바닥이 드러났다. 하나님 앞에 엎드려 은혜에 붙들리기보다는 인간적인 계산과 사람들의 평가, 왕으로서의 입지, 온갖 육의 생각에 사로잡혔다. 이내 블레셋과의 전투에서는 하나님의 영에 감동되어 담대하게 싸우던 모습을 조금도 찾아볼 수가 없었다.

눈 앞에 펼쳐진 블레셋의 병거가 30,000대요 마병이 6,000명, 적군은 해변의 모래같이 많았다. 반면 이스라엘 백성들은 심히 두려워 떨며 굴과 수풀과 바위틈, 웅덩이, 온갖 은밀한 곳에 숨어버렸고, 어떤 이들은 요단을 건너 도망갔다. 게다가 이레를 약속하고 떠난 사무엘도 좀처럼 오지 않았다. 백성들이 모두 도망가게 생긴 마당에 사울은 초조해서 견딜 수가 없었다. 그래서 결국 손대지 말아야 할 번제에 손을 댔다. 바로 그때, 사무엘이 도착했다. 그리고 사울을 책망하며 왕의 자리가 다른 이에게 옮겨 갈 것을 예언했다.

일촉즉발의 위기 상황에 사무엘이 너무한 걸까? 사방이 옥죄어 오는 그 상황에서 다윗이라면 어떻게 반응했을까? 사울은 하늘을 봐야 했다. 주님께 부르짖어야 했다. 다윗이 평생 잘한 것이 그거였다. 어떤 상황에서도 오직 하나님을 의뢰했다. 육의 눈을 질끈 감고, 영의 눈을 열어 주님만을 바라봤다.

하지만 사울은 열심히 육의 눈으로 상황을 주시했고, 육의 생각을 돌리며 인간적인 계산을 도출했다. 끝내 주님 앞에 엎드리지 않았다. 사무엘의 책망에도 회개할 생각이 없었다. 변명만 쌓아가며 더 열심히 머릿속 계산기를 두드렸다.

아말렉과의 전투에서도 진멸하라는 주님의 명령을 뒤로하고, 우수한 양과 소들을 남겼다. 하나님께 제사하기 위함이라는 그럴싸한 변명을 둘러댔지만, 실상은 그의 탐욕이었다. 그를 향해 울부짖는 중보자 사무엘의 외침에도, 백성과 장로들 앞에 비춰지는 자신의 면을 세우는 일에만 급급했다. 그는 하나님의 시선보다 사람의 시선이 훨씬 무서웠고 중요했다.

이런 그에게 "사울은 천천이요, 다윗은 만만이라"라는 노래는 치명적이었다. 그는 완전히 이성을 잃고 질투심에 사로잡혀, 그 후 평생 다윗을 대적하는 불우한 인생을 살았다. 결국 블레셋 전투에서 운명을 달리한 그의 마지막 모습은 처참하기 그지없었다. 목숨이 끊어져 가는 순간에도 그는 "나를 찌르고 모욕할까 두려워"(삼상 31:4) 스스로 칼 위에 몸을 던질 정도로 사람을 두려워했고, 인정과 평가를 중시했으며, 자존심이 하늘을 찔렀다.

왜 그토록 집요하게 외적인 인정과 평가에 매달렸을까? 그 에너지로 하나님을 바라봤다면 얼마나 좋았을까! 사실 그가 원했던 것들을 하나님께서 다 주실 수 있었다. 하지만 그는 하나님을 몰랐다. 아니, 알고자 하지도 않았다. 왕의 자리가 주님으로부터 왔건만, 그것을 잊고 그 자리의 힘으로 취하고자 발악했다. 그래서 누구보다 외롭고 두려웠다.

그가 하나님을 멀리하니, 악신이 다가와 그에게 거짓된 생각과 육신의 정욕을 잔뜩 심어주었다. 원수의 놀음에 허비한 그의 인생은 몹시 처량했다.

우리에게도 이런 씨름과 유혹이 찾아온다. 당장 눈에 보이는 현실이 커 보여서, 하나님 앞에 나아가 기도하기보다는 인간적인 계산과 힘으로 해결하는 게 더 빠를 거라는 생각의 유혹. 여기에 원수가 거짓된 감정과 욕망을 부추긴다.

하지만 돌아서야 한다. 눈을 질끈 감아버리자. 그리고 믿음의 눈을 열어, 모든 것 위에 모든 것 되신 주님을 바라보자. 원수 마귀를 멸하신 예수 그리스도의 이름을 붙들자. 육신의 생각에 마음을 내주지 말자. 영의 생각에 중심을 드리자. 하나님이 어떤 분이신지를 힘써 알자. 내 연약한 치부도 주님 앞에 다 내보이자.

주님께 피하는 것만이 유일한 살길이다. 내 피난처시며 반석이신, 좋으신 하나님 아버지께서 지금 이 순간에도 우리를 기다리신다.

1 나는 지금 무엇을 두려워하나요? 하나님보다 사람을 더 두려워했다면, 주님 앞에 회개하고 하나님만을 경외하길 결단합시다.

---

2 원수가 부추기는 육신의 생각들을 예수님의 이름으로 거부하며, 성령께서 내 마음을 다스려주시길 간구합시다.

---

3 다윗처럼 하나님만 바라보는 믿음의 사람이 되길 기도합시다. 삶의 문제 앞에서 아래 말씀을 소리 내어 읽으며, 믿음으로 고백합시다.

나의 힘이신 주님, 내가 주님을 사랑합니다. 주님은 나의 반석, 나의 요새, 나를 건지시는 분, 나의 하나님은 내가 피할 바위, 나의 방패, 나의 구원의 뿔, 나의 산성이십니다. 시 18:1,2

주님은 내 편이시므로, 나는 두렵지 않다. 사람이 나에게 무슨 해를 끼칠 수 있으랴? 시 118:6

Prayer

하나님 아버지, 사울을 보며 하나님보다 사람과 환경을

더 두려워하는 제 마음을 돌아봅니다.

하나님께 나아와 기도하기보다 조급한 마음에

인간적인 힘으로 해결하려 했습니다.

제게 육신의 생각을 부추기며 주님과 멀어지도록

유혹하는 원수 마귀를 예수님의 이름으로 대적합니다.

아버지, 제 연약함과 어리석음을 불쌍히 여겨주세요.

사람과 환경을 좇던 시선을 버리고,

믿음의 눈을 들어 아버지를 바라보게 해주세요.

그것들을 두려워하지 않겠습니다.

그것들이 저를 해할 수 없습니다.

오직 저를 지키시고 구원하시는 분은 하나님 아버지십니다.

저는 누가 뭐래도 하나님의 자녀입니다.

제 도움은 천지를 지으신 여호와 하나님께로부터 옵니다.

오직 주님께 소망을 두고,

주님께 날마다 나아가는 믿음의 사람이 되게 하소서!

예수님의 이름으로 기도합니다, 아멘.

DAY 19

육의 사람 2.
어리석은 부자, 나발

사무엘상 25:2-42

참 어울리지 않는 부부가 있다. 갈멜에 사는 나발과 그의 아내 아비가일이다. 나발은 큰 부자였다. 아비가일은 용모가 아름다웠다. 재물을 거머쥔 남자와 외모가 아름다운 여자, 세상 기준으로는 완벽한 커플이다. 하지만 여자는 총명했고, 남자는 완고하고 악했다. 나발은 자신의 부로 인해 사람도, 하나님도 두려워하지 않았다. 재력만을 믿고 살았다.

다윗은 그런 나발에게 은혜를 베풀었다. 나발에게 속한 양치는 소년들을 지키고 도와주었다. 그들을 거둬 공동체를 이루며 살뜰히 보살펴주었다. 그들이 나중에 아비가일에게 증언하는 말을 들어봐도 이는 사실이었다(삼상 25:15,16).

이후 나발이 잔치를 벌이는 날, 다윗이 사람을 보내 양식을 얻으려 했으나 그의 태도는 몹시 악하고 무례했다. 감사와 긍휼을 베풀기는커녕 모욕을 주며 단칼에 거절했다. 나발은 다윗을 사울에게서 도망친 어리석은 종 취급하며 무시하고 조롱했다. 다윗이 거인 골리앗을 용맹스럽게 무찌르고, 사울마저도 질투하고 쫓는, 하나님이 세우실 차기 왕임을 알아차리지 못했다. 이미 하나님의 저울이 다윗에게 기울고 있음을 모두가 감지하던 때, 나발은 교만을 떨다가 스스로 멸망의 길에 들어섰다. 그는 하나님도 두려워하지 않았고, 사람도 소중히 여기지 않았기에 그 흐름을 읽지 못했다. 만일 그가 하나님을 경외하며 사람을 소중히 여겼다면, 자신이 가진 재물을 통해 은혜도 입고 엄청난 인연도 얻었으리라.

나발의 조롱 섞인 모욕은 다윗의 혈기를 자극했다. 선을 악으로 갚을지언정 자신까지 조롱하는 그를 살려둘 수 없었다. 그때, 총명한 여인 아비가일이 등장한다. 양치기 소년들의 말로 상황을 파악한 그녀는 차분하지만 재빠르게 대처한다. 나발에게는 알리지 않고, 엄청난 양의 양식을 나귀에 싣고 달려가 단단히 벼르고 있는 다윗 앞에 엎드려 지혜로운 말로 그의 노여움을 푼다. 아비가일의 총명은 불필요한 싸움을 막아 냈고, 다윗의 분노를 기쁨으로 바꾸며 하나님을 찬양하는 상황으로 역전시켰다.

이후 나발은 하나님께 죽임을 당했고, 아비가일은 다윗의 아내가 되었다. 그녀는 하나님을 경외하며 사람의 은혜를 귀히 여길 줄 알았다. 그것이 지혜이고 겸손이며, 진정한 복을 누리는 지름길이다(잠 31:30). 여호와 하나님을 경외하는 것이 최고의 지혜이자 복이다(잠 9:10, 10:27, 14:27, 15:16). 이는 성경의 선언이다.

주님은 그분을 경외하는 자에게 복을 더하시고, 경홀히 여기는 자에게 심판을 내리신다. 하지만 심판을 즐겨하지 않으시기에 어떤 악인이라도 돌이켜 하나님을 경외하길 기다리신다. 하물며 독생자 예수님의 피 값으로 자녀 삼으신 우리는 어떻겠는가. 우리가 하나님을 경외하지 않고, 내 힘을 믿고 자랑하며, 사람을 소중히 여기지 않으면 아버지께서 마음 아파하신다. 성령께서 근심하신다.

부와 명예를 얻지 못해서 사람을 두려워할 게 아니라, 심히 크고 놀라우신 하나님을 두려워해야 한다. 범사에 하나님을 인정하며 그분이 기뻐하시지 않는 일에는 제동을 걸어야 한다.

또한 사람을 소중히 여겨야 한다. 예수님이 수많은 율법을 딱 두 가지로 요약해주시지 않았는가. 마음과 목숨과 뜻을 다해 하나님을 사랑하고, 네 이웃을 네 몸과 같이 사랑하라고! 영혼을 사랑하고 섬기는 것이 아버지의 뜻이고 명령이다.

서로 사랑하기를 계속하십시오. 나그네를 대접하기를 소홀히 하지 마십시오. 어떤 이들은 나그네를 대접하다가, 자기들도 모르는 사이에 천사들을 대접하였습니다. 히 13:1,2

주님을 믿는 성도들아, 그를 경외하여라. 그를 경외하는 사람에게는, 아무런 부족함이 없을 것이다. 시 34:9

1 내 안에 하나님을 두려워하지 않고, 사람을 무시하는 완악함이 있는지 살펴봅시다. 하나님을 경외하는 마음이 깨어나길 기도합시다.

---

2 하나님을 경외하는 마음을 부어주셔서 은혜를 알고, 영혼을 소중히 여기며 섬기는 자가 되기를 기도합시다.

---

3 하나님께서 기뻐하시는 일과 싫어하시는 일을 분별하는 지혜를 구합시다. 하나님을 사랑하고 영혼을 살리는 일에 쓰임 받게 하소서!

Prayer

하나님 아버지, 제게도 나발과 같은 완악함이 있는지,

참으로 주님을 경외함이 있는지 돌아봅니다.

헛된 지식으로 가득하여 모든 지식의 근본이 되는

하나님 경외함을 놓쳤던 것을 회개합니다.

범사에 하나님을 인정하며

하나님이 기뻐하시는 일인지 분별하겠습니다.

성령님, 저를 깨워주세요.

아버지께서 근심하시는 일은 즉시 멈추는

지혜와 순종의 마음을 부어주세요.

마음과 목숨과 뜻과 힘을 다해 아버지를 사랑하고,

그 사랑으로 영혼을 사랑하길 원합니다.

가정과 직장과 이웃을 아버지의 마음으로 바라보며

오늘도 사랑하겠습니다.

구체적인 행함으로 순종할 수 있도록 지혜를 주세요.

아버지의 마음에 합한 자로 살아가게 해주세요.

제게 생명을 주시고, 저를 사랑하시는

예수님의 이름으로 기도합니다, 아멘.

DAY 20

육의 사람 3.
욕망을 제어하지 못한 용사, 요압

사무엘하 2:12-29, 3:22-30

다윗의 군대 장관 요압은 탁월한 전략가이며 뛰어난 용사였다. 다윗 왕
국의 기틀을 다진 일등공신이라 해도 손색이 없었다. 하지만 다윗 왕과
마음을 온전히 합하지 못했다. 전쟁에는 탁월했지만, 왕의 마음을 근심
케 했다. 왕과 뜻을 같이한 지점에서는 충성을 다하는 듯 보였지만, 자
신의 이해관계나 욕망이 얽히면 마음을 달리했다. 때로는 왕의 군대 장
관으로서 나름의 권력으로 왕을 대적하기도 했다.

하루는 기브온 연못을 사이에 두고, 요압의 무리와 아브넬의 무리가
마주했다. 요압은 다윗에게 속했고, 아브넬은 사울의 아들 이스보셋에
게 속한 자였다. 아브넬이 청년들을 내세워 겨루게 하자며 싸움을 걸어
왔다. 거절했어야 하는 이 제안을 요압이 받아들였고, 결국 피비린내 나
는 싸움으로 번졌다.

스루야의 아들인 요압의 3형제는 뛰어난 용사였지만, 인내와 사랑으
로 자기 힘을 다스릴 줄 몰랐다. 그중 막내 아사헬이 아브넬을 죽일 기
세로 뒤쫓았다. 아브넬은 아사헬에게 그만 물러가라고 타일렀지만 아

사헬은 멈추지 않았고, 결국 아브넬의 창끝에 배가 찔려 죽었다.

아사헬의 죽음으로 그날의 싸움은 끝났지만, 요압은 아브넬을 향한 서슬 퍼런 복수의 칼날을 갈기 시작했다. 물론 먼저 싸움을 걸어와 그의 막냇동생까지 죽인 아브넬의 과오가 컸다. 그러나 요압은 군대 장관으로서, 맏형으로서 어떻게 행동해야 할지 주님 안에서 판단해야 했다. 혈기와 욕망을 자극하는 육탄전을 벌일 게 아니라 하나님의 성품과 지혜로 다스려야 했다. 안 그러면, 육신의 죄가 죄를 낳고 낳는 비극이 반복되기 때문이다.

역시나 요압의 복수심은 피를 불렀다. 이후 이스보셋과 소원해진 아브넬이 다윗에게 연합을 제안했는데, 이는 유다와 이스라엘을 봉합할 중요한 기회이기도 했다. 다윗은 열과 성을 다해 그 일을 진행하며, 아브넬에게 잔치를 베풀고 언약을 맺었다. 하지만 요압은 국가 정세나 왕의 뜻보다 복수가 중요했기에 다윗 몰래 야비한 방법으로 아브넬을 살해했다. 그런 요압을 두고 다윗은 힘겨운 심정을 토로했다.

"스루야의 아들들이 나보다 더 강하니, 비록 내가 기름부음을 받은 왕이라고 하지만, 보다시피 이렇게 약하오. 그러므로 이런 악을 저지른 사람에게, 주님께서 그 죄악에 따라 갚아주시기만 바랄 뿐이오"(삼하 3:39).

사실 요압은 동생 아사헬의 죽음은 그토록 애도하며 복수의 칼날을 갈았지만, 관계없는 자에게는 무서우리만큼 냉정하고 잔인했다. 과거에 다윗이 가장 크게 넘어졌던 사건, 밧세바를 취하기 위해 그의 남편 헷 사람 우리야를 살해한 작전에 요압은 흔쾌히 따랐다. 죄에 빠진 다윗을 건지기 위해 하나님의 말씀을 담대히 전했던 나단 선지자와는 대조되는 모습이다.

압살롬과의 전투에서도 요압은 아들을 선대해주길 요청한 다윗의 명령에 아랑곳하지 않고, 단숨에 압살롬을 죽였다. 그뿐 아니라, 다윗이 예루살렘으로 복귀하는 과정에서 새롭게 세운 군대 장관이자 자신의 사촌 형인 아마사도 비열하게 죽였다. 그는 자신의 지위를 위협하는 인물은 누구든 가차 없이 제거했다.

요압은 인생 말년에, 다윗을 이을 왕으로 아도니야를 점찍었다. 인간적 욕심과 계산으로 아도니야 편에 서서 그를 왕으로 세우려 했다. 다윗 왕 밑에서도 야심과 욕망을 따라 움직였던 요압은 이번 일도 성사되리라 믿었던 것 같다. 하지만 그의 뜻대로 되지 않았다. 하나님의 뜻을 몰랐기에 당연한 결과였다.

다윗이 솔로몬에게 남긴 유언대로 요압의 삶은 비참하게 끝맺는다.

"더욱이 너는 스루야의 아들 요압이 나에게 한 것, 곧 그가 이스라엘 군대의 두 사령관인, 넬의 아들 아브넬과 예델의 아들 아마사에게 한 일을 알고 있을 것이다. 요압이 그들을 살해함으로써, 평화로운 때에 전쟁을 할 때나 흘릴 피를 흘려서, 내 허리띠와 신에 전쟁의 피를 묻히고 말았다. 그러므로 너는 지혜롭게 행동을 하여, 그가 백발이 성성하게 살다가 평안히 스올에 내려가도록 내버려 두지 말아라"(왕상 2:5,6).

그는 '다윗'이라는 위대한 하나님의 사람 곁에서 큰 공을 세웠던 군대 장관이었음에도 '다윗의 하나님'을 알지 못했다. 하나님이 다윗에게 베푸신 은혜를 함께 누렸음에도 자기 욕망만을 키워갔다. 전쟁의 기술과

전략은 쌓았지만, 정작 자기 욕심을 꺾고 다스리는 내공은 터득하지 못했다.

스스로를 겸허히 돌아보자. 믿음의 선조와 부모, 교회 공동체로 인해 은혜를 누리면서도 정과 욕심을 십자가에 못 박지 않고, 되려 키워가고 있지 않는지, 나름 봉사하며 수고하지만 결정적인 순간에 하나님나라와 그의 의보다 내 나라와 뜻이 앞서지는 않는지 말이다.

예수님도 십자가를 앞두고 무척 고통스러우셨다. 하지만 하나님 아버지께 나아가 기도하셨다. 땀방울이 핏방울이 되도록 아버지의 뜻을 따르고자 씨름하셨다(눅 22:42,44). 우리도 예수님과 같은 기도를 드리는 자가 되길 간절히 소망한다.

Let's Pray

1 '주님의 자녀'로 자신을 포장하지만, 속은 내 뜻과 욕심으로 가득하지 않나요? 보배로운 예수님의 피로 생명을 주신 크신 사랑 앞에서 내 중심을 정직하게 점검합시다.

---

2 주님이 허락하신 믿음의 부모님, 신앙의 선배와 친구들에게 믿음을 본받고 배우며, 내 믿음도 자라나길 기도합시다.

---

3 삶에 결정해야 할 중요한 문제가 있거나 선택의 기로에 서있나요? 그 문제를 향한 아버지의 마음과 뜻을 구합시다. 내 마음이 아버지의 마음에 합해지길 기도합시다.

Prayer

≈≈≈

절 위해 십자가에서 귀한 목숨을 내어주신 예수님,

그 십자가에 죄에 종노릇하던 저도 함께 죽었습니다.

그럼에도 여전히 아버지의 뜻보다

제 육신이 기뻐하는 뜻을 따라 살려는 욕망이 올라옵니다.

하지만 다윗과 평생을 함께했음에도 자기 뜻과 욕망을 따라

혈기와 이기심을 다스리지 않았던 요압처럼 살지 않겠습니다.

저는 연약하지만, 아버지는 강하십니다.

주님의 사랑은 위대하며 예수님의 이름은 능력이 있습니다.

아버지, 제가 하나님 마음에 합한 길로 나아가게 해주세요.

하나님나라와 뜻을 위해 살아가는 기쁨과 참 자유를 알려주세요.

예수님처럼 제 원함이 아닌 아버지의 뜻대로 기도하길 원합니다.

그 기도가 나를 살리고, 나를 복되게 하며,

생명의 길로 인도함을 믿습니다.

예수님의 이름으로 기도합니다, 아멘.

DAY 21

육의 사람 4.
아버지와 마음을 나누지 못한 아들, 압살롬

사무엘하 13장-18장

다윗은 훌륭한 하나님의 사람이었다. 그러나 자식 농사는 그리 잘 짓지 못했다. 특히 제일 아픈 손가락이 아들 압살롬이었다. 다윗에게는 아내와 자식이 많았기에 배다른 형제간 온전치 못했던 정과 미움, 시기와 경쟁이 늘 있었다.

다말은 압살롬의 아름다운 누이였다. 그런데 배다른 형제 암논이 다말을 연모했다. 그러다 상사병이 났고, 결국 배다른 여동생을 겁탈하고 말았다. 그는 패륜을 저지른 후 이내 마음이 얼음장처럼 변해 다말을 쫓아내기까지 했다. 다말은 재를 머리에 덮어쓰고 옷을 찢고 목놓아 울면서 돌아갔다.

이토록 충격적이고 가슴 아픈 일을 아버지 다윗에게 곧장 달려가 말했으면 좋으련만, 압살롬이 알게 되었고 그는 이 일을 가슴 깊이 담아두었다. 아버지 다윗도 그 이야기를 듣고 몹시 분개했지만, 자녀들과 어떻게 풀어가야 할지 몰랐다.

그날부터 압살롬은 칼을 갈았다. 치밀하게 복수를 준비해 만 2년

후, 양털 깎는 일에 암논을 초대해 그를 살해했다. 그리고 그술로 도망쳐 3년간 타국에서 지냈다. 그러는 사이, 아버지 다윗 왕은 암논을 잃은 슬픔과 충격에서 서서히 벗어났고, 압살롬을 보고 싶어 하는 마음이 간절해졌다.

참 답답한 게, 그들은 서로 대화하지 않았다. 대화할 줄 몰랐다. 마주보고 얽히고설킨 감정을 울며불며 털어놨어야 했는데, 아버지 다윗도, 아들 압살롬도 그러질 않았다. 가슴에 멍울이 맺혀 감정과 오해가 증폭되는데도 대화로 풀어내질 않았다.

대화의 부재는 그들의 관계가 걷잡을 수 없이 파국으로 치닫게 했다. 그나마 요압이 꾀를 내어 압살롬을 다시 데려왔지만, 다윗은 아들을 부르지 않았다. 고국으로 돌아와 2년이 지나도록 아버지의 얼굴을 볼 수 없었던 압살롬은 괜히 요압의 밭에 불을 질러 아버지를 만나게 해달라며 그를 협박했다. 그렇게 압살롬은 아버지와 겨우 재회한 후, 역모를 꾸미기 시작한다.

수려한 외모를 가진 그는 성문으로 들어오는 길가에 서서 다윗 왕에게 가려는 사람들을 가로챘다. 그들의 얘기를 들어주고, 손을 잡고, 눈을 맞추고, 따뜻하게 안아주며 이스라엘 백성의 마음을 사로잡았다. 그 진심 어린 대화와 포옹을 아버지와 했더라면 얼마나 좋았을까.

결국 압살롬은 고국으로 돌아온 지 4년 만에 역모를 일으켜 스스로 왕의 자리에 앉는다. 위협을 느낀 다윗은 황급히 도주했고, 압살롬은 기세등등하게 아버지가 남기고 간 후궁들을 취하여 백성들 앞에서 장막을 치고 동침하기까지 한다. 이어 아버지와 그 무리를 멸절하기 위해 전쟁을 불사하지만, 끝내 비참한 최후를 맞는다. 아버지 다윗은 아들의 사망 소식을 듣고 가슴이 찢어질 듯 울부짖는다.

어쩌다 여기까지 왔을까. 어디서부터 잘못된 걸까. 아들이 아버지를 향해 칼을 갈며 달려드는 적이 되고, 아버지의 군사에 의해 아들이 죽는 비극이 대체 왜 벌어진 걸까. 대화의 부재, 그 시초는 꽤 이전으로 거슬러 올라간다.

암논이 다말에게 끔찍한 일을 저질렀을 때, 압살롬은 아버지에게 달려가 마음속 울분을 쏟아내야 했다.

"아버지, 화가 나고 가슴이 아파서 견딜 수가 없어요. 어떻게 형이 여동생에게 이럴 수 있나요? 불쌍한 다말은 이제 어떡해요?"

그리고 다윗도 압살롬의 마음을 헤아려주었어야 했다. 암논을 불러 엄중히 징계하고, 참된 회개와 용서를 구하게 했어야 했다.

아니면, 압살롬이 고국으로 돌아왔을 때라도 아버지를 찾아갔더라면 어땠을까?

"아버지, 형이 너무 미워서 그랬어요. 하지만 돌이킬 수 없는 큰 죄를 지었습니다. 용서해주세요. 새 삶을 살도록 도와주세요."

다윗 역시 압살롬이 큰 죄를 지었지만, 그를 따끔하게 혼낼지언정 그와 대화하며 마음을 나누고, 마땅한 징계를 내리고 또 용서하며, 아들이 새롭게 살아가도록 도왔다면 얼마나 좋았을까.

아니면, 고국에 온 지 2년 만에 가까스로 부자가 얼굴을 마주했을 때라도, 서로 솔직하고 치열하게 그간의 심정을 털어놨더라면, 이후의 참담한 비극은 막을 수 있지 않았을까.

대화하지 않으면, 작은 오해가 눈덩이처럼 불어난다. 우리가 하나님께 나아가 그분과 대화하지 않으면, 아버지를 향한 오해가 점점 커진다. 그러면 원수도 합세해서 그 오해가 불어나도록 온갖 노력을 다한다.

하나님 아버지는, 서툴렀던 아버지 다윗과 같지 않으시다. 우리가 언제든 달려가 얘기할 수 있도록 우리에게 귀를 열고 눈을 맞추고 계신다. 그분은 사랑과 능력이 무한하셔서 우리의 아픔과 시련과 오해를 금세 해결해주신다. 이미 십자가에서 예수 그리스도를 통해 그 엄청난 사랑을 쏟아놓으셨다. 어떤 어려움 속에서도 십자가에 달리신 예수님을 바라보면, 오해와 두려움이 눈 녹듯 사라진다.

그분은 우리를 깊이 공감하시며, 감싸 안으시는 아버지다. 우리가 잘못하면 따끔하게 혼내기도 하시지만, 그 죄에서 돌이켜 다시 활짝 웃게 해주신다. 우리 하나님 아버지는 사람이 줄 수 없는 위로와 사랑과 은혜를 부어주신다. 그 하나님께서 우리를 기도의 자리로 부르신다. 그 자리에서 우리와 깊이 대화하기를 원하신다.

아버지께로 달려가자. 날마다 아버지 품에 안겨 대화하자. 기도는 자녀의 특권이다.

1 하나님 아버지께 마음을 쏟아내지 못하고, 혼자 꾹꾹 눌러 담으며 오해를 쌓아가고 있지는 않나요? 이 시간 주님 앞에 내 솔직한 마음을 쏟아냅시다.

_____

_____

_____

2 아래 말씀을 소리 내어 읽으며, 십자가에 쏟으신 예수님의 사랑을 묵상합시다. 아버지의 사랑이 깊이 깨달아지고, 내 안에 부어지길 기도합시다.

그러나 우리가 아직 죄인이었을 때에, 그리스도께서 우리를 위하여 죽으셨습니다. 이리하여 하나님께서는 우리들에 대한 자기의 사랑을 실증하셨습니다. 롬 5:8

3 예수님은 마음이 상한 자를 고치시며, 포로 된 자, 갇힌 자에게 자유를 주십니다. 마음이 상하거나 갇혀있는 영역이 있다면, 복음의 능력으로 회복시켜 주시길 간구합시다.

_____

_____

_____

Prayer

하나님, 아버지 다윗을 향해

오해와 미움과 분노를 키운 압살롬을 보며,

제 마음을 돌아봅니다.

시련을 만나도 주님께 나아가지 않고

아버지를 향한 오해를 쌓아가곤 했습니다.

원수가 던져주는 거짓말에 속을 때도 많았습니다.

그러나 이제는 주님께 제 마음을 모두 쏟아내겠습니다.

제 작은 신음에도 귀 기울이시고, 공감하시며,

안아주시는 아버지께로 나아가겠습니다.

저를 위해 십자가에 달리신 예수님, 제게 생명을 주셔서 감사합니다.

예수님의 사랑이 제 심령에 깊이 깨달아지게 해주세요.

기도는 짐스러운 숙제가 아니라 하나님 아버지와

대화하는 특권이며 축복임을 깨닫습니다.

날마다 기도의 자리에서 주님께 모든 걸 말씀드리고,

아버지의 따뜻한 음성을 듣길 원합니다.

아버지, 예수님, 성령님, 사랑합니다!

예수님의 이름으로 기도합니다, 아멘.

DAY 22
귀로만 듣다가
눈으로 보게 된, 욥

욥기 1장-2장, 42장

우스라는 곳에 욥이라는 사람이 살고 있었다. 그는 흠이 없고 정직하였으며,
하나님을 경외하며 악을 멀리하는 사람이었다. 욥 1:1

욥을 소개하는 첫 구절이다. 그는 대단한 부자였고, 하나님을 깊이 경
외하며 하나님의 말씀대로 살고자 애쓰는 자였다. 하나님 앞에 자신뿐
아니라 자녀까지도 거룩함을 지키도록 최선을 다했다. 하나님은 욥을
기뻐하셨고 자랑스러워하셨다. 주님이 사탄에게 하시는 말씀을 들어보
면, 아들 욥을 대견해하시는 아버지의 마음이 느껴진다.

"너는 내 종 욥을 잘 살펴보았느냐? 이 세상에는 그 사람만큼 흠이
없고 정직한 사람, 그렇게 하나님을 경외하며 악을 멀리하는 사람은 없
다"(욥 1:8).

하나님께서 욥을 칭찬하시자, 사탄은 '하나님이 욥에게 넘치는 재산
과 형통함을 주셨기 때문'이라고 딴지를 건다. 많은 재물로 인해 하나님
을 경외하지 않는 부자도 많은데, 욥의 진심을 재물 때문으로 치부해버

리고, 하나님과 욥의 관계를 그 정도 수준으로 조롱하다니, 괘씸하기 짝이 없다.

이후 사탄은 욥이 모든 걸 잃으면 주님을 저주할 거라며 하나님과 내기하려 들고, 하나님은 이에 응하신다. 아마도 욥의 진심을 사탄에게 보여주고 싶으셨는지도 모른다. 또한 욥의 믿음을 더 단단히 다지고 싶으셨는지도. 과연 욥은 하루아침에 닥친 엄청난 재앙 앞에서도 입술을 지켰다. 그는 참으로 하나님을 경외하는 자였다.

그런데 이에 질세라, 사탄이 또다시 하나님께 끔찍한 제안을 한다. 욥이 생명을 위협받으면 분명 하나님을 저주할 거라고, 욥의 목숨까지 노리며 이간질한다.

사탄은 사랑을 모른다. 그래서 우리를 위해 목숨까지 내어주신 하나님의 놀라운 구원 계획인 십자가를 알아차리지 못했다. 만일 사랑을 알았더라면, 예수님이 십자가에 달리시는 것을 기를 쓰고 막았을 거다. 사탄은 철저히 자기중심적이며 사랑과 희생의 개념을 모르기에 하나님과 인간의 관계도 그렇게 여겼다. 더욱이 자기 꾐에 넘어가 선악과를 따 먹은 아담의 후예인 인간 따위가 하나님과 순결하고 순전한 관계를 맺을 리 없다고 확신했다.

하지만 욥은 하나님의 형상을 따라 지어진, 아버지와 사랑을 나누는 아들이었다. 그랬기에 고난이 아프고 힘겨워도 그가 아버지를 떠나지 않으리라는 걸 하나님은 아셨다. 믿으셨다. 혹 아들이 넘어진다 해도, 괜찮으셨다. 질책하거나 내치지 않고, 아들을 업고 그의 질고를 대신 짊어질 준비가 되어 계셨다. 고난을 통해 아들과 더 가까워질 테니까.

사탄은 세 친구를 붙여, 욥을 분석하고 정죄하며 인과응보적 논리로 조여갔다. 하나님을 향해 분노를 품고 욕하며 돌아서도록 거칠게 몰아갔다. 하지만 실패했다. 비록 욥은 친구들과의 논쟁에서 넘어졌지만, 끝내 '하나님 앞에서' 모든 원망과 혼란, 두려움과 괴로움을 토설했다. 그런 욥에게 하나님께서 친히 나타나 그의 눈을 새롭게 열어주셨다. 친구들로부터 그의 원한을 풀어주시고, 모든 상황을 역전시키셨다.

"주님이 어떤 분이시라는 것을, 지금까지는 제가 귀로만 들었습니다. 그러나 이제는 제가 제 눈으로 주님을 뵙습니다"(욥 42:5).

자신의 논리와 이해, 형편과 상황을 넘어서 하나님이 얼마나 크고 전능하신 분인지, 온 우주에 그분의 공의와 사랑과 성실이 충만히 계시되어 있다는 것을, 욥은 눈앞에 펼쳐 보는 듯했다. 그 하나님께서 자신에게 생명을 주셨고, 모든 걸 공급하셨으며, 자신을 은혜와 사랑으로 이끌어오셨음을, 전부를 상실한 고난의 순간에도 자신을 버려두지 않고 주목하고 계심을 온몸으로 깨달았다.

하나님은 이 시간을 통해 욥의 영의 눈을 새롭게 여셨다. 그와 한층 깊은 관계를 맺으시며, 온전히 하나가 되셨다. 욥은 이전의 지식과 경험의 수준을 넘어서 하나님을 더욱 사랑하게 되었다. 이것이 예수님의 귀한 생명을 우리에게 주신 하나님 아버지의 측량할 수 없는 깊고 놀라운 사랑이다.

Let's Pray

1 하나님을 오해하고 원망하는 마음이 있는지 깊이 들여다봅시다. 사탄이 주는 거짓 생각과 인간적인 논리를 내쫓고, 믿음의 눈을 열어 아버지의 사랑 안에 들어가길 기도합시다.

---

2 나를 정죄하고 판단하는 사람의 말에 낙심하고 있나요? 아버지를 의지해 다시 일어납시다. 혹 내가 누군가를 그렇게 대하고 있다면, 즉시 돌이켜, 아버지의 사랑으로 그 영혼을 중보하는 자가 되길 기도합시다.

---

3 어려움 가운데 있다면 아버지께 힘든 마음을 쏟아내세요. 아래 말씀을 소리 내어 읽으며, 나를 사랑하사 끝까지 함께하시는 하나님을 바라봅시다.

높음도, 깊음도, 그밖에 어떤 피조물도, 우리를 우리 주 예수 그리스도 안에 있는 하나님의 사랑에서 끊을 수 없습니다. 롬 8:39

---

4 하나님 아버지를 귀로만 듣고 아는 것이 아닌, 눈으로 뵙기를 기도합시다.

Prayer

하나님, 욥에게 이유 모를 고난이 닥쳤듯이

저도 이해할 수 없는 어려움을 만났습니다.

늘 주님 앞에서 살려고 애썼지만, 욥만큼 의인으로 살지 못했고,

어쩌면 제가 지은 죄의 쓴 열매를 먹고 있는 걸지도 모르겠습니다.

그렇더라도 아버지께 나아갑니다. 제 신음에 귀 기울이시는

아버지께 모든 힘듦과 두려움을 쏟아냅니다.

욥의 눈을 열어주신 하나님, 제 믿음의 눈을 열어주세요!

주님만이 이 절망의 늪에서 저를 건지시며 생명과 길이 되십니다.

욥의 고난을 기쁨이 되게 하시고

그를 주님을 더 사랑하는 자로 이끄시며

갑절의 은혜를 부어주셨던 것처럼,

저도 이 시간을 통해 더욱 주님을 알고

아버지를 사랑하며, 믿음이 굳건한 자로 성장하게 해주세요.

제게 예수님의 생명을 주셔서 감사합니다.

그 사랑과 은혜를 깊이 깨닫길 원합니다.

예수님의 이름으로 기도합니다, 아멘.

DAY 23
부르심을 깨달은, 에스더

왕후 에스더는 '성경판 신데렐라'다. 그녀는 바벨론 포로 출신에 삼촌 밑에서 자란 고아였다. 그런데 하나님의 은혜와 부르심으로 왕후 자리에 올랐다. 놀라운 하나님의 섭리로, 왕후로서의 배경을 전혀 갖추지 못했던 그녀가 왕후로 발탁되었다.

당시 아하수에로 왕은 인도에서 에티오피아까지 지방 127곳을 다스린 유력한 왕이었다. 그가 나라를 다스린 지 3년째 되던 해에 모든 지방 총독과 신하들을 불러 잔치를 베풀었다. 왕은 주흥(酒興)이 일어 용모가 수려한 와스디 왕후의 아름다움을 백성과 대신들에게 자랑하고 싶어 그녀를 불렀는데, 왕후가 나아오기를 거절했다. 이에 왕은 마음에 분노가 불같이 치밀어 올라 왕후를 폐위시켰다. 그리고 다음 왕후를 찾았다.

앞선 일로 미루어 보아, 그다음 왕비는 뛰어난 출신 배경보다 왕을 온전히 따르고 존경하는 성품을 소유했는지를 주의 깊게 살폈을 것이다. 삼촌 모르드개 밑에서 하나님의 말씀으로 양육 받으며, 하나님을 향한 순종과 겸손, 온유함을 배운 에스더가 이에 제격이었다.

그녀는 바벨론 여인들과는 비교되지 않는, 하나님의 거룩한 향기가 나는 아름다운 여인이었을 것이다. 와스디의 화려한 외모에 질린 왕에게 에스더의 내면 깊은 곳에서 은은히 배어나는 아름다움이 몹시 매력적이지 않았을까. 이처럼 기가 막힌 타이밍에, 기가 막힌 하나님의 섭리로, 포로 출신이자 고아인 에스더가 왕후로 간택되었다.

시간이 흘러, 삼촌 모르드개에게 위기가 찾아왔다. 그는 여호와 하나님 외에 그 누구에게도 절하지 않는 믿음을 지키기 위해, 높은 대신이었던 하만에게 무릎을 꿇지도, 절하지도 않았다. 이로 인해 화가 잔뜩 치민 하만은 모르드개를 비롯해 그와 동족인 유다 사람을 전멸하려 했다.

죽음의 위기에 몰린 모르드개는 굵은 베옷을 입고 재를 뒤집어쓴 채 대궐 문 앞에 앉아 통곡했다. 이 소식을 들은 에스더는 이것이 단순히 삼촌의 일일 뿐 자기 민족이 몰살될 위기임을 몰랐기에 갈아입을 평상복을 보내 삼촌의 굵은 베옷을 벗기고자 했다. 그러나 모르드개는 받지 않았고, 대신 왕후인 에스더가 왕에게 나아가 자기 겨레를 살려달라고 호소하길 원했다. 하지만 왕의 부름을 받지 않고 나아갔다가는 죽음을 면치 못하기에 에스더는 피하고 싶었다. 이때 모르드개가 그녀에게 말했다.

"왕후께서 입을 다물고 계시면, 유다 사람들은 다른 곳에서라도 도움을 얻어 마침내 구원받고 살아나겠지만, 왕후와 왕후의 집안은 멸망할 겁니다. 왕후께서 이처럼 왕후의 자리에 오르신 것이 바로 이런 일 때문인지를 누가 압니까"(에 4:14)?

에스더는 삼촌의 말에 정신이 번쩍 들었다. 하나님이 그녀를 왕후 자리에 앉히신 건, 고아로 자란 게 불쌍해서 이제라도 왕궁에서 호의호식하라는 게 아니었다. 하나님을 경외하는 유다 민족, 아브라함의 후예이자 인류의 메시아로 오실 예수님의 계보가 끊어져서는 안 되는 놀라운 구속 사역에 에스더를 들어 쓰시기 위함이었다. 그 자리는 하나님나라의 뜻을 이루는 부르심의 자리였다.

비로소 에스더는 영의 눈이 열려, 삼촌에게 회답했다.

"어서 수산에 있는 유다 사람을 한곳에 모으시고, 나를 위해 사흘간 밤낮으로 금식하게 하세요. 나와 내 시녀들도 그러겠습니다. 그리고 난 다음, 제가 법을 어기고서라도 임금님께 나아가겠습니다. 그러다가 죽으면, 죽으렵니다"(에 4:16).

소명을 깨달은 에스더는 '죽으면 죽으리다!'라는 비장한 각오로 금식 기도에 들어갔다. 사명을 살아내지 않고서는 왕후의 자리가 아무런 의미가 없었기 때문이다. 더불어 삼촌과 온 유다 민족도 함께 금식하며 하나님 앞에 엎드렸다. 그 결과, 하나님께서는 그들의 기도에 응답하시며 모든 상황을 역전시켜 주셨다. 할렐루야!

내게도 하나님이 허락하신 삶의 자리가 있다. 자격 미달인 에스더가 왕후에 올랐던 것처럼, 하나님이 은혜로 앉혀주신 자리 말이다. 그 자리를 통해 물질도 공급하시고 기쁨과 행복도 누리게 하시지만, 그게 전부가 아니다.

주님은 나를 '사명의 자리'로 부르신다. 그 자리에서 내가 하나님나라와 그 의를 구하길 원하신다. 영의 눈, 믿음의 눈이 열려서 소명을 깨달길 기도하자. 원수는 내가 사명의 자리를 망각하고 그저 부요한 삶의 수단으로서만 여기며 살아가게 한다. 그러나 눈이 어두워져서는 안 된다. 에스더가 모르드개의 말에 눈이 번쩍 뜨였던 것처럼, 성령께서 내 믿음의 눈을 열어주시길 기도하자. 삶의 자리에서 소명을 살아내려 애쓰자.

때론 '죽으면 죽으리다'라는 각오와 희생과 고난이 따를지라도, 소명의 길을 택하는 믿음의 용기가 부어지길 기도하자. 나도 에스더처럼 하나님의 구속 사역에 쓰임 받고, 다시 오실 예수님의 길을 예비하는 하나님나라의 일꾼이 될 수 있다. 그 영광된 부르심의 길로 걸어가자.

1 내 삶에 어떤 결핍이 있나요? 주님은 크고 놀라운 섭리 안에서 내 결핍을 복으로 바꾸십니다. 그 은혜의 역사가 내 삶에 일어나길 기도합시다.

---

2 나는 하나님이 허락하신 삶의 자리에서 하나님나라와 의를 구하고 있나요? 나를 그 자리에 보내신 이유를 깨닫고, 사명을 감당할 수 있기를 기도합시다.

---

3 사명의 자리에서 '죽으면 죽으리다!'라는 각오로 나아갈 용기와 힘을 부어주시길 간구합시다.

Prayer

～～～

포로 출신 고아였던 에스더를 왕후로 세우신 하나님,

약함을 강함으로 바꾸시는

놀라운 섭리와 은혜를 찬양합니다.

아버지, 제 약함으로 인해 비교하고 낙심했던 지난날을 돌아봅니다.

이제는 그 결핍을 감사로 바꾸겠습니다. 도리어 그 결핍으로

저를 강하게 하실 주님을 기대하고 찬양하겠습니다.

제가 부르심의 자리에서 어떻게 살고 있는지 겸허히 돌아봅니다.

아버지께서 그 자리에 필요를 채워주셨고, 기쁨과 행복도 허락하셨지만,

정작 제가 사명을 따라 살았는지는 모르겠습니다.

아버지, 제 영의 눈, 믿음의 눈을 열어주세요.

소명을 깨닫게 해주세요. 소명을 감당할 힘과 열정을 부어주세요.

그 길에서 희생과 고난을 기쁘게 감내할 믿음과 용기를 부어주세요.

에스더처럼 사명을 깨닫고 하나님나라에 귀히 쓰임 받길 원합니다.

예수님의 이름으로 기도합니다, 아멘.

약함이 복이 된,
나아만

열왕기하 5:1-19

아람의 군대 장관 나아만은 큰 용사였으나 나병 환자였다. 아람 왕의 신임을 얻고 사회적으로도 큰 성공을 이뤘지만, 단단한 갑옷 속에 감춰진 그의 몸은 서서히 문드러지고 있었다.

그의 심령이 얼마나 가난했을까. 오늘날에도 많은 사람이 열심히 살다가 갑작스럽게 암과 같은 질병에 걸려 모든 게 무너져내리는 듯한 절망감에 빠진다. 나아만 장군의 마음이 딱 그랬을 거다. 그런데 놀랍게도, 하나님의 특별한 은혜가 그를 기다리고 있었다.

"주님께서 그를 시켜 시리아(아람)에 구원을 베풀어 주신 일이 있었다"(왕하 5:1).

나아만은 아람 사람, 곧 이방인이었는데 성경은 "주님께서 그를 시켜" 아람을 구원한 일이 있다고 말씀한다. 그가 주님을 미처 알지 못했던 시절부터 주님은 그를 아셨고, 그가 이룬 큰일은 주님의 도우심과 역사하심 덕분이었다. 그가 주님을 믿기 전부터 주님은 이미 그를 하나님의 사람으로 택하셨다. 이는 그의 어떠함과 상관없는 전적인 하나님의 은혜였다. 우리 역시 은혜로 하나님의 자녀가 되지 않았던가.

하나님께선 나아만의 질병 치유뿐 아니라 더 근원적인 영혼 구원을 위해 그의 삶에 역사하셨다. 마침 나아만이 이전에 이스라엘에서 포로로 잡아온 소녀 하나가 그의 아내의 여종이 되었고, 그 소녀는 주인의 나병을 고칠 자로 고향 땅의 엘리사 선지자를 지목했다.

이에 나아만은 나병을 고치기 위해 왕의 편지를 받아 엄청난 전리품을 들고 이스라엘 왕을 찾아갔다. 얼마나 간절했으면 소녀의 말만 듣고 바로 실행에 옮겼을까! 그러나 돌아온 건 문전박대. 이스라엘 왕은 아람 왕의 편지 내용을 오해했고, 엘리사는 사환을 통해 요단강에서 몸을 일곱 번 씻으라는 말만 전해왔다. 나아만은 몹시 자존심이 상했다.

'아람의 최고 군대 장관인 내게 얼굴도 비추지 않고, 기껏 사환을 보내서 한다는 말이, 요단강에 몸을 일곱 번 씻으라고? 똥개훈련을 시키려는 수작인가! 이스라엘에서 이런 천대를 받다니!'

그는 몸뿐 아니라 마음까지 문드러지는 심정이었다. 하지만 그의 곁에는 복된 부하들이 있었다.

"장군님, 그 선지자가 이보다 더한 일을 하라고 했다면, 하지 않으셨겠습니까? 다만 몸이나 씻으라는데, 그러면 깨끗해진다는데, 그것쯤 못할 까닭이 어디 있습니까"(왕하 5:13)?

선지자의 지시가 미련해 보이고, 이해되지 않고, 자존심 상해도, 쉬운 일이니 한번 시도해보라는 부하들의 말에 나아만은 요단강에 일곱 번 몸을 담갔다. 그러자 그의 온몸이 어린아이의 살결처럼 깨끗해졌다. 그 순간, 그는 나병이 말끔히 나을 뿐 아니라 영혼까지 구원을 받았다.

하나님을 미처 몰랐던 그의 영혼의 눈이 활짝 뜨인 거였다. 그간 고집했던 자존심과 이성적인 사고 체계가 완전히 새로워졌으리라!

나아만이 엘리사에게 가서 말했다.

"내가 이제 이스라엘 외에는 온 천하에 신이 없는 줄을 아나이다!"(왕하 5:15 개역개정).

나아만은 자기를 치유하신 분이 천하에서 가장 크고 높으신 여호와 하나님이심을 알게 되었다. 그 하나님을 만나는 일에 자기 의와 엄청난 수고가 아닌 이해되지 않을 만큼 단순하고 겸허한 '믿음과 순종'이 필요하다는 사실을 깨달았다.

또한 하나님께서 '질병의 고난'을 '복'이 되게 하셨음을 알게 되었다. 만약 나병이 아니었다면, 아람의 잘나가는 군대 장관이 하나님을 만날 기회는 희박했을 것이다. 이방 신을 섬기며 부와 명예를 누리다가 지옥에 떨어졌을 것이다. 하지만 주께서 그에게 나병을 허락하사 그의 마음을 낮추셨고, 이스라엘 여종을 붙이사 선지자에 대해 말하게 하셨고, 이스라엘의 문전박대에 그냥 돌아갈 뻔한 것을 부하들을 통해 붙들어 주셨다. 모든 게 전능하신 하나님의 섭리이자, 놀라운 은혜였다.

이처럼 삶에 찾아오는 수많은 고난과 결핍은 하나님 안에서 얼마든지 복이 될 수 있다. 가난하고 낮아진 마음이 주님을 갈망하게 하기 때문이다. 사실 예수 그리스도를 통해서 구원받은 것 자체가 이미 말할 수 없는 기적이고 복이다. 주께서 가려있던 내 영의 눈을 여사 예수님을 믿게 하셨고, 하나님의 자녀로 삼아주시지 않았는가. 삶의 어느 것 하나 은혜 아닌 게 없다.

살다 보면, '요단강에 일곱 번 몸을 담그는 것'과 같은, 육의 눈으로 볼 때 보잘것없고 무모한 믿음의 도전을 할 순간이 찾아온다. 그때 화내거나 낙심하지 말고 '믿음'으로 '순종'해보자. 나아만 장군의 몸과 마음이 새로워졌듯이 새로운 믿음의 삶이 열릴 것이다. 영의 눈이 열려 영의 생각으로 담대히 나아가길 기도한다.

생명을 주는 것은 영이다. 육은 아무 데도 소용이 없다. 내가 너희에게 한 이 말은 영이요 생명이다. 요 6:63

1 영적 나병 환자인 나를 구원해주신 하나님 아버지께 감사와 찬양의 기도를 올려드립시다!

_____

_____

2 내 삶에 주님이 허락하신 만남의 축복을 소중히 여기며, 그들을 통해 이끄시는 하나님의 인도를 잘 따라갈 수 있기를 기도합시다.

_____

_____

3 나를 괴롭게 하는 약함이 있나요? 그로 인해 낙심한 마음을 하나님 앞에 쏟아내고, 약함을 통해 주님을 더 깊이 만나길 기도합시다.

_____

_____

4 주님이 말씀하신, '요단강에 일곱 번 몸을 담그는 것'과 같은 이해되지 않고 자존심 상하는 일이 있나요? 육신의 생각을 버리고, 믿음으로 순종하며 나아가길 기도합시다.

_____

_____

Prayer

이방 민족 나아만 장군을 구원의 길로 이끄셨던 하나님,

제게도 예수 그리스도의 귀한 생명을 주사

자녀 삼아주셔서 감사합니다.

복음의 감격과 감사를 날마다 기억하며 살게 하소서.

제 삶에도 만남의 축복과 아버지의 신실한 인도하심이

충만하길 기도합니다. 자존심과 고집을 버리고,

제 경험과 생각과 다를지라도, 믿음의 순종으로

아버지의 뜻을 겸손히 따라갈 용기를 부어주세요.

제 힘과 능력이 아닌, 오직 아버지를 의지하여

한 걸음씩 나아가길 원합니다.

무엇보다 주님을 향한 갈망을 부어주세요.

세상과 자아로 배 불리지 않고, 가난한 심령으로

날마다 주님을 갈망하는 믿음의 사람이 되게 하소서.

믿음으로 살아내고, 믿음을 증거하는 주님의 자녀 되게 하소서.

예수님의 이름으로 기도합니다, 아멘.

DAY 25 하나님의 사랑을 외친 선지자, 예레미야

예레미야서 1장, 29장, 33장

평생 고난과 눈물, 외로움으로 점철된 삶이었다. 예레미야는 하나님의 심판과 멸망의 메시지를 선포했기에 미움과 온갖 고초를 겪어야만 했다. 그가 내쉰 한숨과 흘린 눈물은 헤아릴 수 없었다.

하지만 허리가 끊어질 듯한 애통함으로 그 두려운 말씀을 전하면서도, 그는 하나님 아버지의 포기치 않으시는 사랑과 긍휼을 보았다. 그토록 범죄하는 유다와 이스라엘을 향해 회개를 촉구하시고 징계하시면서도, 결국 회복을 약속하시는 아버지의 깊고 넓은 사랑을 목격했다. 이 사랑에 예레미야는 자기 인생을 온전히 드렸다.

하나님께서 예레미야를 부르셨다.

"내가 너를 모태에서 짓기도 전에 너를 선택하고, 네가 태어나기도 전에 너를 거룩하게 구별해서, 뭇 민족에게 보낼 예언자로 세웠다. … 내가 늘 너와 함께 있으면서 보호해주겠다. … 내가 내 말을 네 입에 맡긴다"(렘 1:5,8,9).

그를 모태에서부터 사명을 감당할 자로 정했다고 말씀하셨다. 예레미야가 아직 어려서 두려울 수 있으므로, 주님이 먼저 그를 부르사 소명을 주시고, 담대함을 부어주시며, 늘 함께하실 것을 약속하셨다. 그의 지혜로 말씀을 전하지 말고, 하나님의 말씀을 입에 넣어주겠다고 하셨다.

예레미야는 하나님께 완전히 붙들림으로 모든 과정을 감내했고, 고난 중에도 긍휼을 맛보았으며, 때를 따라 돕는 자를 만났다. 그가 심판의 메시지를 선포할 때마다 사람들은 그를 미워하고 겁박했지만, 결국 모든 말씀이 실제 역사로 이루어졌다.

스스로 돌아보자. 자신이 하나님의 부르심을 입고도, 여전히 세상의 인기와 부요함을 갈망하지 않는지, 귀를 즐겁게 하는 말씀만 골라서 자의적으로 해석하지 않는지, 보배로운 예수님의 피를 이 땅에서 배 불리는 수단으로 전락시키지 않는지, 하나님나라 가치를 따라 살자니 세상에서 손가락질 받고 환영받지 못할까 봐 두려워하지는 않는지, 많은 시간과 에너지를 들여 무엇을 주목하고 얻어내고자 하는지.

그리고 하나님께서 기뻐하시지 않는 것을 삶에서 과감히 잘라내길 결단하자. 평생 하나님을 알아가고 온전히 따르는 일이 진짜 기쁨이고 자랑이 되길 소망하자.

하나님은 예레미야서를 통해 경고하신다. 오늘날 택함을 받은 그분의 백성이 돈과 하나님을 겸하여 사랑하고, 이웃보다 자기를 사랑하고, 음란한 문화를 탐닉하며, 하나님나라보다 이 땅을 흠모하는 세태를.

"너희는 스스로 할례를 행하여 너희 마음 가죽을 베고 나 여호와께 속하라"(렘 4:4 개역개정)!

"네 마음에서 악을 씻어버려라. 네가 언제까지 흉악한 생각을 네 속에 품고 있을 작정이냐"(렘 4:14)?

"자랑하는 자는 이것으로 자랑할지니 곧 명철하여 나를 아는 것과 나여호와는 사랑과 정의와 공의를 땅에 행하는 자인 줄 깨닫는 것이라 나는 이 일을 기뻐하노라"(렘 9:24 개역개정).

혹 삶의 고난이 나를 기도의 자리로 불러냈다면 감사하자. 그 시련으로 인해 하나님께 나아와 부르짖고, 살아계신 하나님을 만나며, 심령 가운데 울리는 하나님의 말씀을 듣게 되기 때문이다. 생명의 말씀은 육을 죽이고, 영을 살린다. 재앙이 아닌 복된 미래와 희망의 씨앗이 된다(렘 29:11). 육의 생각으로는 가늠할 수 없는, 하나님이 주시는 크고 놀라운 일을 만나게 한다(렘 33:3).

예레미야가 외롭고 힘겨운 길을 걸었지만, 하나님께서는 그를 통해 자기 백성에게 절절히 소리치셨다. 그들의 닫혔던 눈과 귀가 열려 하나님의 마음을 구하게 하셨다. 그들에게 주실 놀라운 구원, 예수 그리스도를 선포하게 하셨다. 우리도 예레미야처럼 세상을 향해 아버지의 뜻을 외치자. 사람들의 둔해진 눈과 귀가 활짝 열려 다시 오실 예수님과 하나님나라를 소망하도록 말이다. 그렇게 아버지의 뜻대로 기도하는 중보자들이 하나둘 일어나길 간절히 바란다.

"너희가 내게 부르짖으며 내게 와서 기도하면 내가 너희들의 기도를 들을 것이요 너희가 온 마음으로 나를 구하면 나를 찾을 것이요 나를 만나리라"(렘 29:12,13 개역개정)!

Let's Pray

1 요즘 내가 원하고 바라는 것들을 돌아봅시다. 혹 내 마음을 찌르는 하나님의 음성이 있나요? 그 말씀에 민감하게 반응하길 기도합시다.

_____

_____

_____

_____

2 아버지의 부르심을 따라가는 길을 가로막는 장애물이 있다면, 과감히 잘라내 길 결단합시다.

_____

_____

_____

_____

3 믿음의 길이 외롭고 지치나요? 아버지께 솔직한 심정을 털어놓읍시다. 아버지의 사랑에 붙들려 기쁘고 담대히 걸어갈 수 있기를 기도합시다.

_____

_____

_____

_____

Prayer

～～～

아버지, 사명의 길을 온전히 걸었던 예레미야 선지자처럼

부르심을 기쁘게 따라갈 용기를 주세요.

그 길이 외롭고 힘겨울까 봐 두렵기도 합니다.

적당히 신앙생활하고 타협하고픈 유혹도 있습니다.

그런 저를 깨우사 영의 눈을 여시고, 아버지의 뜻과 마음을 부어주세요.

주님을 섬긴 이스라엘 백성이 마음으로는 물질과 풍요의

이방 신을 숭배했듯이, 저도 주님을 믿는다면서

돈을 사랑하고, 나를 사랑하고, 세상 문화를 탐닉했습니다.

그 죄로부터, 아버지의 뜻이 아닌 모든 것에서 돌아서게 해주세요.

오직 하나님을 경외하고, 아버지의 뜻을 날마다 묵상하여

삶터와 일터에서 순종하길 원합니다.

하늘 소망을 품고 생명의 길이신 예수 그리스도를 전하며

참된 자유와 기쁨을 누리길 원합니다.

말씀을 사랑하고, 복음을 전하는 멋진 인생을 살게 해주세요!

예수님의 이름으로 기도합니다, 아멘.

Part 3.

영으로 사는 삶

팔복 1.
마음이 가난한 사람은 복이 있다

마태복음 5:1-12

'팔복'은 예수님이 말씀하신 복의 정의다. 예수님의 말씀이니 진리다. 예수 그리스도의 생명으로 새 삶을 얻은 우리에게 새롭게 적용되는 표어다. 우리는 세상이 말하는 육적인 복을 좇지 않고, 예수님이 말씀하신 영적인 복, 진짜 복을 따라 살아가는 자다. 그리고 세상에 당당히 증명하는 자다. 그럴 때 어둠 가운데 있는 영혼들에게 복음의 빛이 비친다.

지금부터 팔복을 하나씩 살펴보며 참된 복을 누리는 자로 살아가자.

마음이 가난한 사람은 복이 있다. 하늘나라가 그들의 것이다. 마 5:3

예수님은 첫 번째 복의 조건으로 '가난한 마음'을 말씀하셨다. 많은 사람이 자기 마음의 '행복 그릇'을 이 땅의 것으로 채우려고 부단히 애쓴다. 그러나 그토록 갖고 싶고, 이루고 싶던 것들을 막상 손에 넣어도 그 기쁨은 찰나일 뿐 오래가지 않는다. 그래서 또다시 다음 목표를 찾는다. 하지만 안타깝게도, 인간을 만족시킬 수 있는 건 이 땅에 존재하지 않는다. 오직 하나님, 예수 그리스도만이 우리에게 영원히 변치 않는 기쁨과 만족을 주신다. 하나님께서 우리를 육의 것으로는 채워지지 않는 영적 존재로 지으셨기 때문이다.

주님을 만나면 세상이 다르게 보인다. 평범한 일상에서조차 하나님의 손길을 느끼고, 감사와 감격이 일어난다. 실제로 예수님을 영접한 이후에 익숙한 공간과 자연이 완전히 새롭게 보였다는 간증을 많이 접한다.

또한 하나님을 예배할 때, 그 어디서도 경험할 수 없는 안정감과 평안함과 기쁨이 부어진다. 영의 눈이 열려 성경 말씀의 참뜻이 깨달아지면 영혼의 참된 양식이 된다. 기도의 골방에서 주님을 만나면 마음이 사랑으로 충만해지고 놀랍도록 담대해지며 참 만족이 차오른다. 육의 조건들, 급변하는 세상 문화와 트렌드에 요동하지 않게 된다. 이런 사람은 마음에 천국을 소유했기에, 이 땅에 발을 딛고서 천국을 살아간다. 그리고 다른 이에게 그 천국을 보여준다.

영국에 살았던 동생 덕에, 런던과 파리를 여행한 적이 있다. 유럽만의 예술적 정취를 느끼며 아름다운 건축물과 다양한 먹거리를 즐긴 다시 없을 여행이었다. 하지만 그중 가장 행복했던 기억을 꼽으라면, 주일예배를 드린 순간이었다.

찬양할 때부터 흐른 감사의 눈물이 예배 내내 멈추질 않았다. 처음으로 동생과 영국에서 함께 드리는 예배가 뜻깊었고, 찬양과 설교가 은혜롭기도 했지만, 무엇보다 주님을 예배할 때 비로소 내 영혼이 숨을 쉬었기 때문이다. 그 순간, 내가 예수 그리스도의 생명을 얻은 자로서 세상 그 어떤 좋은 것보다 주님을 가장 사랑한다는 사실을 실감했다. 주님을 가장 원하고, 주님 없이 살 수 없는 가난한 마음을 소유했음을.

내게 매일의 골방 기도는 짐이 아니라 생명과 기쁨의 원천이다. 기도하지 않으면 감사가 사라지고 염려가 스멀스멀 올라온다. 힘이 빠지고 멍해진다. 그러나 기도하면 영혼이 살아난다. 기쁨과 담대함이 부어지며 생기가 돌고 지혜가 열린다. 이제는 골방에서 주님을 만나는 시간이 하루 중 가장 소중하고 기대되는 시간이 되었다. 기도하지 않고는 살 수 없는 영적 체질로 바뀌었다. 이 가난한 마음이 최고의 복이다.

마음이 가난한 사람은 육신이 이 땅에 있어도, 왕이신 하나님이 다스리시는 'Kingdom'(왕국)을 살아간다. 삶의 방식과 선택 기준을 세상 가치가 아닌 하나님의 말씀에서 찾는다. 그러니 먼저 하나님나라와 그 의를 좇게 된다. 그의 걸음걸음에 주님의 보호하심이 늘 함께한다.

이런 삶을 궁금해하고 매력적으로 바라보는 사람은 결국 그도 하나님나라를 함께 살아가는 형제자매가 된다. 우리는 어둡고 부패한 세상을 밝히고 정결케 하는 빛과 소금이다. 주님을 모르고 어둠을 헤매는 영혼들을 아버지께로 인도하는 복의 통로다. 그리고 오직 예수 그리스도로 인해 참된 기쁨을 누리는 '마음이 가난한 자'다. 놀라운 복과 천국이 우리를 기다리고 있다. 할렐루야!

1 나는 주님 없이 살 수 없는 '마음이 가난한 자'인가요? 세상의 헛된 부요를 버리고, 가난한 심령으로 주님을 갈망하도록 기도합시다.

_____

_____

_____

_____

2 요즘 예배를 전심으로 드리고 있나요? 예배 가운데 아버지와 깊이 만나며 천국의 기쁨을 누릴 수 있길 기도합시다.

_____

_____

_____

_____

3 이 땅에서 날마다 천국의 삶을 살아내어, 주님을 모르는 영혼에게 하나님나라의 가치와 기쁨을 증거하는 빛과 소금이 되길 기도합시다.

_____

_____

_____

_____

Prayer

하나님, 제 마음이 세상 것으로 가득 차서

아버지를 놓치고 있었습니다.

영의 목마름을 세상 것으로 채우려 했습니다.

세상 것은 찰나일 뿐, 영원하지 않습니다.

하지만 아버지께서는 영원한 생명을 주셨고 천국을 약속하셨습니다.

주님, 제가 그것을 사모하기에 이 땅에서 조금 외롭고,

힘들고, 덜 가져도, 그 가난한 마음이 복이 되는 줄 믿습니다.

날마다 말씀과 기도로 주님을 만날 때

생수의 강이 마음 깊은 곳에서부터 흘러나오게 하소서!

이제 하나님나라와 그 의를 구하며 살겠습니다.

제가 주님을 소유함으로 이 땅에서 천국을 살아갈 것입니다.

아버지와의 동행이 말할 수 없는 기쁨과 위로가 됩니다.

아직 주님을 모르는 영혼들에게 이 생명의 빛을 비추게 하소서!

예수님의 이름으로 기도합니다, 아멘.

팔복 2.
슬퍼하는 사람은 복이 있다

마태복음 5:1-12

애통하는 자는 복이 있나니 그들이 위로를 받을 것임이요 마 5:4 개역개정

하나님의 말씀을 따라 살다 보면, 이전에 경험한 적 없는 애통함이 생긴다. 이는 육신의 정욕을 이루고자 씨름하는 애통함과는 다르다. 오히려 육신의 정욕을 거스르려 자아와 씨름할 때 부어지는 애통함이다. 죄에 파묻혀 살 때는 그것이 죄인 줄 모르니 씨름할 이유가 없었다. 하지만 예수님의 생명을 받은 후로는 죄가 불편하다. 그로부터 돌아서고자 발버둥 치게 된다.

내가 그 편지로 여러분의 마음을 아프게 했더라도, 나는 후회하지 않습니다. 그 편지가 잠시나마 여러분의 마음을 아프게 했다는 것을 알고서 후회하기는 하였지만, **하나님의 뜻에 맞게 마음 아파하는 것**은, 회개를 하게 하여 구원에 이르게 하므로, 후회할 것이 없습니다. 그러나 세상일로 마음 아파하는 것은 죽음에 이르게 합니다. 고후 7:8,10

바울이 고린도 교회 성도들에게 쓴 편지다. 성도들은 그들의 죄를 책망하는 편지를 처음 받았을 때 유쾌하지 않았다. 근심했다. 애통한 마음이 부어졌다. 하지만 그로 인해 참된 회개에 이르렀고, 하나님의 뜻을 따라 살게 되었다. "하나님의 뜻에 맞게 마음 아파하는 것"(하나님의 뜻대로 하는 근심, 개역개정)은 우리의 영혼을 살린다.

내가 예수님을 인격적으로 만난 후 나타난 큰 변화 중 하나가 전에 없던 근심과 애통함이 생겨난 거였다. 처음엔 당황스럽고 불편하기도 했지만, 말씀과 기도의 자리에서 애통함이 부어져 씨름했고, 그것이 사소한 죄까지도 회개케 하는 동력이 되었다. 그 회심으로 인해 아버지 품에 깊이 안길 수 있었고, 자유와 평안과 이루 말할 수 없는 기쁨을 누렸다. 애통함이 도리어 복이 되어 넘치는 위로와 은혜를 안겨주었다.

내게 부어진 또 다른 애통함은 하나님의 눈물과 아픔이다. 나 자신을 넘어 다른 영혼을 향해 눈이 열리면서, 하나님을 모른 채 죄 가운데 고통받는 영혼을 향한 애통함이 부어졌다.

나는 10년간 단기선교 팀장으로 섬겼다. 몇 달간 선교를 준비하면서 중보기도 시간만 되면 눈물이 쏟아졌다. 우상숭배로 가득한 선교지와 하나님을 알지 못하는 현지 영혼들을 향한 애통함 때문이었다. 내가 선해서 흘리는 눈물이 아니었다. 기도 자리에 부어주시는 아버지의 마음이었다.

북한을 위한 중보기도 집회에서도 애끓는 심정으로 통곡하며 기도한 적이 있었다. 그 눈물도 내가 흘릴 수 있는 눈물이 아니었다. 북녘의 영혼들을 향한 아버지의 눈물이었다. 땅에 얼굴을 대고 기도하며 이런 생각이 들었다.

'아버지의 마음이 이러시구나. 우상숭배 가득한 그 땅을 향해, 죽어가는 영혼들을 향해 이토록 절절하게 슬퍼하시는구나.'

하나님 아버지의 사랑과 긍휼과 슬픔이 얼마나 깊으신지, 그 마음이 고스란히 전해지자 또 눈물이 났다.

기뻐하는 사람들과 함께 기뻐하고, 우는 사람들과 함께 우십시오. 롬 12:15

또한 하나님께서는 교회 공동체의 몸 된 지체들의 어려움과 고난에 함께 눈물 흘리는 애통함을 부어주셨다. 질병으로 고통받거나, 불신 가정에서 핍박받거나, 진로가 막혀 씨름하거나, 배우자를 만나지 못해 낙심하거나, 자녀와의 갈등으로 괴로워하는 등 숱한 삶의 문제 앞에서 근심하고 슬퍼하는 지체들과 마음을 나누게 하셨다.

한번은 한 성도의 태중 아기가 위험했던 적이 있다. 얼마나 마음이 쓰이던지, 한밤중에 그 아기를 위해 기도하는데 눈물이 쏟아졌다. 운전 중에도 그 아기를 위해 기도가 계속 흘러나왔다. 하루에도 수없이 생각났고, 같은 기도가 연신 터져 나왔다. 그 자매와 태중 아기를 향한 주님의 마음을 내게 부어주사 눈물로 기도하게 하신 거였다.

또 한번은, 한 자매의 지인의 딸이 소아암에 걸렸다는 소식을 전해 듣고 함께 기도하게 되었다. 그 가정은 예수님을 모르는 가정이었고, 주변에 크리스천이 그 자매밖에 없었다. 그 말에 어찌나 애통함이 부어지던지, 자매와 함께 소그룹 모임을 하는 지체들 모두 그 가정과 아픈 딸을 위해 전심으로 기도했다. 하루는 아이의 상태가 악화되었다는 소식을 듣고 집에서 꿇어앉아 눈물을 쏟으며 기도했다. 일면식도 없었지만, 매일 골방에서 아이의 이름을 부르짖으니 무척 아끼는 아이처럼 느껴졌다.

기도하면 할수록, 하나님께서 이미 그 아이를 아시고, 긍휼히 여기시며, 치유하길 원하시고, 마침내 주님의 자녀로 이끄실 거라는 기대감이 차올랐다. 얼마 후 감사하게도 아이가 호전되었다는 소식을 들었다. 공동체가 함께 눈물로 기도했기에, 그 소식이 얼마나 큰 기쁨이 되었는지 모른다. 기도로써 주님의 애통함에 참여했기에 아버지께서 부어주시는 위로를 누릴 수 있었다.

아버지의 마음을 따라 함께 슬퍼하며 주님의 위로하심을 누리는 자는 복이 있다. 더는 육신의 정욕으로 번민하지 않는 영의 사람으로 살아내길 바란다.

Let's Pray

1 지금 무엇으로 슬퍼하고 있나요? 이 슬픔이 주님 안에서의 애통함이 되도록 기도합시다. 내 애통함을 들으시고, 위로하며 응답하시는 하나님 아버지께 부르짖읍시다!

_____

_____

_____

2 죄에 넘어졌다면, 속히 아버지께 나아가 눈물로 회개합시다. 하나님 안에서 하는 근심은 회개와 거룩함으로 나아가게 합니다. 눈물의 기도가 참 자유와 기쁨과 위로를 가져다줄 것입니다.

_____

_____

_____

3 가족, 친구, 교회 지체, 직장 동료, 주변 영혼 가운데 어려움에 처한 이가 있나요? 그를 향한 아버지의 사랑과 애통함을 부어주시길 간구하며, 눈물로 기도합시다.

_____

_____

_____

Prayer

～～～

슬퍼하는 자를 복되다 하시고 위로하시는 하나님,

애통함으로 주께 나아가 부르짖습니다.

제 눈물을 보시고 함께 울어주시는 하나님,

저를 건지사 아버지 품에서 참된 위로와 은혜를 얻게 해주세요.

돌이켜야 할 죄가 있다면, 근심하며 회개하도록 도와주세요.

거룩하신 주님의 자녀로 살아가길 간절히 소망합니다.

이제 그 죄에서 자유케 되었음을 선포합니다.

예수 그리스도께서 이미 승리하셨으니, 저도 승리했음을 믿습니다.

아버지의 애통하심이 제 심령에 부어지길 원합니다.

주님이 아파하시는 영혼과 공동체와 나라와 열방을 향해

아버지의 마음으로 함께 부르짖으며 기도하겠습니다.

제 기도를 통해 일하시는 아버지, 주님의 건지심과

역사하심으로 주어지는 위로와 기쁨에 동참하길 기대합니다.

예수님의 이름으로 기도합니다, 아멘.

DAY 28

팔복 3.
온유한 사람은 복이 있다

마태복음 5:1-12

온유한 사람은 복이 있다. 그들이 땅을 차지할 것이다. 마 5:5

'온유하다'의 사전적 의미는 '성격이나 태도가 온화하고 부드럽다'이다. 이에 더해 성경이 말씀하는 온유는 '하나님을 향한 순종과 충성, 이웃을 섬기는 마음' 등 예수님의 성품과 같은 의미를 지닌다.

모세는 민수기에서 온유한 사람으로 기록되었다.

"이 사람 모세는 온유함이 지면의 모든 사람보다 더하더라"(민 12:3 개역개정).

뒤이어 모세를 비방하는 아론과 미리암을 향해 하나님께서는 이렇게 말씀하셨다.

"나의 종 모세는 다르다. 그는 나의 온 집을 충성스럽게 맡고 있다"(민 12:7).

하나님 말씀에 온전히 순종하며, 맡겨주신 이스라엘 백성을 충성스럽게 섬긴 모세를 그 누구보다 '온유한 자'라 하셨고, 그를 직접 변호해주섰다. 그에게 부여하신 리더의 자리를 하나님의 권위로 더욱 견고히 지켜주셨다. 이 또한 온유한 자가 기업으로 받는 약속된 땅이 아닐까 싶다.

주님이 우리 각자에게 맡기신 영적인 땅, 섬김의 땅이 있다. 내가 대한민국에 태어난 것도, 어느 지역, 어떤 가정에서 자란 것도 다 하나님의 섭리요 부르심이다. 그 부르신 가정, 교회, 지역, 회사, 공동체에서 온유한 자로 하나님께 온전히 순종하며 주의 사랑으로 영혼들을 섬길 때, 그곳에 하나님나라가 임한다. 그 땅을 하나님의 자녀를 통해 하나님이 통치하시는 땅으로 일궈내시는 것이다.

모세처럼 부름 받은 자리에서 충성을 다하는 온유한 자에게 하나님은 영혼과 직분을 맡기신다. 감당할 힘을 주시고, 기름부으시며, 지키시고, 세워주신다.

교회에 중학교 교사인 한 자매가 있다. 그녀는 매일 학생들을 사랑으로 섬기고, 이름을 불러가며 중보기도를 한다. 아이들이 말썽을 부려도 기도 자리에 나가 지혜와 인내와 사랑을 구하며 아버지의 사랑으로 품고자 노력한다. 이 자매를 선생님으로 만난 어린 영혼들이 참 복 받았다는 생각이 든다.

무엇보다 자매는 복음 전파의 열정이 남다르다. 교직에서 종교를 거론하는 건 예민한 문제다. 그런데 그녀가 기도로 지혜를 구하자 주님이 기독교 동아리를 열어주셨고, 예수님을 모르는 아이들을 보내주셨다. 자매는 그 아이들에게 복음을 전하며 성경을 묵상하는 법도 알려주고 함께 기도도 하고 있다. 크리스마스를 맞이해서는 '트리 만들기' 활동을 통해 아기 예수님의 탄생을 전했다고 한다. 교사로서 충성스럽게 복음을 전하려 애쓰는 이 온유한 자매를 주님께서는 영혼들을 기르는 사역의 땅으로 더욱 이끄시며 동행하고 계신다.

온유한 자에게 궁극적으로 주시는 최고의 땅은 바로 약속된 천국, 곧 예수님의 보혈로 하나님의 자녀 된 우리에게 유업으로 주실 땅이다.

하나님의 영광의 권능에서 오는 모든 능력으로 강하게 되어서, 기쁨으로 끝까지 참고 견디기를 바랍니다. 그리하여 성도들이 받을 상속의 몫을 차지할 자격을 여러분에게 주신 아버지께, 여러분이 빛 속에서 감사를 드리게 되기를 우리는 바랍니다. 아버지께서 우리를 암흑의 권세에서 건져내셔서, 자기의 사랑하는 아들의 나라로 옮기셨습니다. 골 1:11-13

예수님의 생명이 우리를 기쁨으로 끝까지 참고 견디게 하신다. 온유한 자로 만드신다. 사실 온유함은 죄 가운데 있는 인간이 가질 수 있는 성품이 아니다. 하나님의 성품, 예수님의 성품이다. 앞서 말했던 모세도, 교사 자매도 모두 예수 그리스도의 생명이 부어져 하나님의 자녀가 되었기에 온유함을 나타낼 수 있었다.

예수님이 말씀하시는 팔복은, 결국 예수님의 생명으로 육적 존재에서 영적 존재로 거듭난 사람이 이루는 성품이고, 그로 인해 누리는 복이다.

나는 마음이 온유하고 겸손하니, 내 멍에를 메고 나한테 배워라. 그리하면 너

희는 마음에 쉼을 얻을 것이다. 마 11:29

　온유하고 겸손하신 예수님의 마음은 그분의 귀한 생명을 얻은 우리가 배우고 따를 성품이다. 그런 자에게 주시는 최고의 복은 '하나님나라를 상속받는 것'이다.

　우린 하나님의 자녀로서 흑암의 권세에서 건져져 천국을 약속받았다. 이 사명의 땅에서 온유함과 충성으로 섬기다가 사명을 다하는 날, 약속된 천국으로 간다. 얼마나 놀라운 복음인가! 우리 주님이 계신 눈물도 아픔도 없는 그곳에 어마어마한 복이 기다리고 있다. 우린 정말 복 있는 사람이다!

Let's Pray

1 성경이 말씀하는 '온유'의 정의를 묵상하며, 나는 온유한 자인지 돌아봅시다.

_____

_____

_____

_____

2 주님이 나를 부르신 영적인 땅, 섬김의 땅은 어디인가요? 온유함으로 그 땅을
   섬길 수 있기를, 그 자리에 하나님나라가 임하길 기도합시다.

_____

_____

_____

_____

3 온유한 자에게 약속된 최고의 땅, 천국을 바라봅니다. 이 땅에서 천국을 사모
   하며 기쁨으로 준비하는 '하늘 소망'이 충만히 부어지길 기도합시다.

_____

_____

_____

_____

Prayer

죄인인 저를 위해 온유와 겸손으로

하나님 아버지께 죽기까지 순종하신 예수님을 찬양합니다!

아름다우신 주님의 온유함을 배우고 따르게 하소서.

저는 죽고 예수님의 생명으로 살며,

예수님의 성품을 나타내게 하소서.

저를 사망에서 생명으로 옮겨주셔서 감사합니다.

하나님의 자녀 된 제게 약속하신 천국이 최고의 복임을 고백합니다.

나의 영혼아, 하늘 소망을 품을지어다!

아버지, 부르신 자리에서 온유함으로 살아내기를 기도합니다.

맡겨주신 영혼들을 돌아보며

아버지께 하듯 충성을 다해 섬기겠습니다.

주님의 온유함과 사랑과 오래 참음과 지혜를 부어주세요.

저를 통해 맡기신 자리에 하나님나라가 임하고, 복음이 전파되고,

믿는 자들이 일어나 함께 하나님나라를 유업으로 받는

놀라운 부흥이 일어나게 하소서!

예수님의 이름으로 기도합니다, 아멘.

DAY 29

팔복 4.
의에 주리고 목마른 사람은 복이 있다

마태복음 5:1-12

의에 주리고 목마른 사람은 복이 있다. 그들이 배부를 것이다. 마 5:6

지금 무엇에 주리고 목마른가? 모든 사람이 영혼의 갈증을 해소하기 위해 무언가를 갈망한다. 돈, 명예, 음식, 쇼핑, 여행, 사람, 일 등. 다들 자기만의 목표를 세우고 만족을 얻을 때까지 채워 넣는다. 하지만 세상에는 영원한 만족을 줄 수 있는 게 없다. 모든 건 순간이다.

그렇다면 "의"는 무엇인가. 공의? 정의? 세상에 과연 공의가 존재할까? 이토록 불공평한 것투성이인 세상에 공평과 정의를 기대했다가는 억울해서 몸져누울 수도 있다.

공의는 오직 하나님께만 있다. 하나님의 공의의 절정은 영원불변하는 완전한 의, 바로 예수 그리스도시다. 그분께 주리고 목마른 사람은 복이 있다. 그의 영혼에는 마르지 않는 생수의 강이 흘러넘친다. 완벽한 해갈을 얻는다. 그래서 원수는 우리가 다른 것에 목마르도록 시선을 빼앗는다. 당장 피부에 와닿는 육신의 문제에 주목하게 만든다. 그걸 갈망하여

좇다 보면, 만족을 얻는 게 아니라 오히려 더 주리고 목이 말라 실족하여 넘어지게 된다. 영혼이 탈수 상태가 된다.

내가 섬기는 교회는 청년이 많다 보니, 연말이 되면 싱글인 지체들에게서 외로움과 두려움의 기운이 스멀스멀 올라온다. 한해의 끝자락에 후회와 원망이 밀려오는 것이다.

지난날, 하나님을 뜨겁게 예배했던 순간들, 공동체와 동역하며 맛본 기쁨의 열매들, 단기선교나 수련회에서 누린 놀라운 은혜와 섬김의 눈물이 분명 가슴에 가득한데, 갑자기 시선이 '결혼'에 꽂히면서 회의감이 그 은혜를 좀먹는다. '대체 배우자를 언제 만날까' 하는 답답함에 신앙생활이 부질없게 느껴지기도 한다. 이처럼 결혼에 주리고 목마른 마음은 영혼을 바싹 말려버린다.

그런데 이 갈증이 결혼한다고 해결될까? 막상 짝을 만나도 연애의 기쁨은 잠시 잠깐이고, 금방 결혼과 임신, 출산과 양육 등 삶의 과제가 끊이지 않고 나타난다. 그야말로 문제의 연속이다.

그렇다고 결혼을 소망하지 말라는 게 아니다. 다만 거기에 중심을 빼앗기는 순간, 낙심과 좌절이 찾아올 수 있다는 거다. 주님께 지친 마음을 솔직하게 털어놓고 배우자를 주시길 간절히 부르짖되, 내 영혼이 가장 주리고 목말라 해야 할 분은 예수 그리스도, 우리 주님이셔야 한다.

주님을 갈망할 때 영혼이 살아난다. 문제로부터 건짐을 받는다. 최고의 해답을 얻으며, 문제를 초월하는 생수의 강이 다시 흘러나오게 된다.

나도 난임으로 제법 가슴앓이를 했다. 첫아들을 결혼 10년 만에 만났다. 아이를 낳고 오랜 시간 모유 수유를 하면서 자궁 건강이 많이 좋아져, 둘째는 다를 거라 기대했다. 기대한 만큼 둘째가 빨리 찾아왔다. 그런데 7주 차에 유산을 했다. 그때의 슬픔과 실망감은 이루 말할 수 없었다. 얼마나 울었는지 모른다.

기다림의 시간 동안 크게 낙망한 적이 있었다. 가장 소중한 골방 기도 자리에 나아가도 입이 떨어지질 않았다. 내면을 깊이 들여다보니, 주님을 향한 서운함과 원망이 있었다. 그 마음을 쏟아내며 실컷 울었다. 그런 나를 아버지께서 불쌍히 여기시며 안아주고 토닥여주시는 듯했다. 그리고 기도 끝에 성령께서 예수님을 보게 하셨다. 내 안에 성령님이 주시는 생각이 가득 찼다.

'내가 주님 앞에 서운할 게 있는가? 감히 아버지께 원망할 것이 있는가? 나를 위해 십자가에서 피 흘리시고 고초를 당하신 예수님 앞에 내가 무슨 말을 할 수 있는가?'

너무도 잘 아는 사실이었지만, 마음 한구석에 얼어붙어 나를 주장하지 못했던 복음이 다시 살아나 내 영혼을 붙들었다. 서운함과 원망이 죄송함과 감사함으로 바뀌었다. 눈물이 복받쳤다. 내 시선이 '임신'에서 '예수 그리스도'로 옮겨가자 타는 목마름이 순식간에 해갈되었다.

나는 더 이상 눈앞의 문제에 내 갈망을 두지 않는다. 아버지께 믿음으로 소원을 구하되, 그것에 걸려 넘어지지 않는다. 내게 가장 중요한 갈망의 대상은 주님이시요, 하나님의 나라와 의다. 내 시선이 온전히 주님께 머무를 때 문제로부터 자유해진다. 내 영혼의 만족을 원수가 감히 빼앗지 못한다. 그렇게 주님을 갈망하다 보면 나도 모르는 사이에 그분께서 내 문제를 해결해주신다. 놀랍게도, 이 책을 탈고한 직후에 귀한 새 생명이 찾아왔다. 할렐루야!

요한복음 4장에, 5명 넘게 남자를 만났지만 끝내 사랑을 찾지 못한 우물가의 여인에게 예수님이 찾아가신 장면이 나온다. 그 주린 인생에게, '영원히 목마르지 않고 영생토록 솟아나는 샘물'을 주겠노라 말씀하신다. 바로 예수님 자신이셨다.

우리에게도 그분 자신을 주셨다. 영생토록 목마르지 않은 진정한 배부름을 주셨다. 우린 참으로 복 있는 자다!

그러나 내가 주는 물을 마시는 사람은, 영원히 목마르지 아니할 것이다. 내가 주는 물은, 그 사람 속에서, 영생에 이르게 하는 샘물이 될 것이다. 요 4:14

1 주님이 아닌 다른 것으로 영혼의 목마름을 채우려 하지는 않나요? 세상에 빼앗긴 시선을 돌이켜 아버지만을 갈망하길 기도합시다.

---

2 하나님의 완전한 공의이신 예수 그리스도를 주심에 감사와 찬양을 올려드립시다. 오직 예수께 소망을 두며, 주님만이 내 영혼의 생수가 되심을 고백합시다.

---

3 주변에 주님을 모른 채, 영혼이 메마른 자가 있나요? 그들이 영원한 생수이신 예수님을 만나길 기도합시다.

Prayer

완전한 공의이신 예수님을 통해 영원한 생명을 주시고,

참 자유와 기쁨과 만족을 부어주셔서 감사합니다.

원수는 오늘도 제 시선을 빼앗습니다.

다시 눈을 들어 아버지를 바라봅니다.

제 유일한 갈망은 예수님입니다.

나의 영혼아, 오직 주님만 바라라!

영생토록 솟아나는 생수의 강이신 예수께 소망을 둘지어다!

삶의 어려운 문제들을 아버지께 고백합니다.

제 힘과 능력이신 주님께 부르짖습니다!

길을 여시고 문제로부터 건져주세요.

예수님을 바라봄으로 문제를 초월하는 은혜를 부어주세요.

두려워하거나 염려하지 않고,

주님 안에서 평안하며 기뻐하길 결단합니다. 할렐루야!

주변에 주님을 몰라서 목마른 영혼들이 있습니다.

우물가 여인에게 찾아가셨듯이 그를 만나주세요.

그가 예수님으로 인해 영원한 생명의 기쁨을 누리게 해주세요.

예수님의 이름으로 기도합니다, 아멘.

DAY 30

팔복 5.
긍휼히 여기는 사람은 복이 있다

마태복음 5:1-12

긍휼히 여기는 자는 복이 있나니 그들이 긍휼히 여김을 받을 것임이요

마 5:7 개역개정

"긍휼"은 영어로 "mercy"(자비, NIV), 헬라어로 '(활발히) 동정하다, 자비로운'이란 뜻이다. 마음이나 육신 또는 환경적으로 어려움을 겪는 자를 깊이 공감하고 안타까워하며 섬김을 베푸는 것이라 할 수 있다. 이는 '사랑'의 다른 얼굴이며, 사랑 자체이신 하나님의 대표 성품이기도 하다.

하나님의 긍휼하심은 성경 곳곳에 넘치도록 기록되어 있다. 하나님은 그분의 자녀 된 우리 역시 긍휼하기를 원하신다.

가난한 사람에게 은혜를 베푸는 것은 주님께 꾸어드리는 것이니, 주님께서 그 선행을 넉넉하게 갚아주신다. 잠 19:17

성경은 가난한 자를 긍휼히 여기며 돕는 것이 곧 하나님께 하는 것이

므로, 하나님께서 그 선행을 직접 넉넉히 갚아주신다고 말씀한다.

또한 주님은 "지극히 보잘것없는 사람 하나에게 한 것이 곧 내게 한 것이다"라고 강조하신다(마 25:40). 우리가 긍휼함으로 영혼을 돌보는 것을 마치 하나님께 해드린 것처럼 너무도 기뻐하신다.

> 너희는, 내가 주릴 때에 내게 먹을 것을 주었고, 목마를 때에 마실 것을 주었으며, 나그네로 있을 때에 영접하였고, 헐벗을 때에 입을 것을 주었고, 병들어 있을 때에 돌보아 주었고, 감옥에 갇혀 있을 때에 찾아주었다 마 25:35,36

나도 누군가가 내 아들에게 사랑을 베풀면, 마치 그 사랑을 내가 받은 것처럼, 아니 그보다 더 크게 느껴져 그렇게 고마울 수가 없다. 하나님 아버지도 같은 마음이시다.

그분은 자신을 '과부와 고아의 하나님'으로 자주 소개하신다. 홀로 자녀를 힘겹게 기르는 과부의 남편이 되어주시고, 홀로 외롭게 자라는 고아의 부모가 되어주신다. 그런 주님께서 우리에게 그분의 마음을 부어주셔서 우리로 그분의 역할을 감당하게 하신다. 그리고 우리가 아버지의 마음으로 과부와 고아를 사랑하고 섬길 때, 주님께선 마치 자신의 일을 해준 것처럼, 또 자신에게 해준 것처럼 여기시고 너무도 기뻐하신다.

오늘날 많은 교회 공동체가 구제와 봉사에 앞장서고 있다. 그뿐 아니라 크리스천 연예인과 기업들도 긍휼함으로 사랑과 선행을 흘려보낸다. 예수님을 모르는 대중조차도 이런 모습을 뜨겁게 응원하며, 은연중에 그리스도의 사랑을 배운다. 그리고 섬김과 나눔을 이어가며 아름다운 선순환을 이룬다. 이것이 바로 하나님의 마음이다. 어려움에 처한 영혼들을 위해 기도하고, 그 고통의 무게를 나눠 지고, 실질적 필요를 채워주며, 마음을 담아 섬기는 것. 바로 아버지의 마음, 영의 생각이다.

우리 교회의 새신자는 대부분 전도를 받아 온 분들이다. 교회에 온 계기를 들어보면, 미담이 넘쳐난다. 각박한 직장 생활 가운데 자신을 살뜰히 챙겨주고 섬겨준 이를 따라서, 어려울 때 함께 울어주고 위로해준 이를 따라서, 막막할 때 실질적 도움을 준 이를 따라서 온 이들이 대다수다.

아버지의 마음을 품은 자들이 각자 삶의 자리에서 다른 영혼을 살피고, 긍휼함으로 그들의 어려움을 도우며, 예수께로 인도하는 최고의 복까지 선물하게 된 것이다. 하나님께서 그들을 얼마나 기뻐하실까. 그들의 삶을 얼마나 세심히 돌보실까. 실제로 그런 사람에게는 하나님의 은혜가 차고 넘친다. 긍휼을 흘려보내는 자는 하나님의 긍휼하심을 입고 그 기쁨을 배로 누린다.

나도 사모로서 교회 지체들의 어려움과 사정을 돌보고 기도하며 함께 헤쳐나가고 있다. 나의 사역이고, 삶이다. 이것은 의무감이나 나의 선함으로는 할 수 없다. 내 안에 역사하시는 성령께서 아버지의 긍휼함을 부으사 감당케 하신다. 그 가운데 크나큰 보람과 기쁨과 감사가 갑절로 부어진다. 은혜의 수혜자는 되려 내가 된다.

말세의 특징은 '자기를 사랑하는 것'이다(딤후 3:2). 내게 집중하면 다른 영혼이 보이지 않는다. 긍휼함이 메마른다. 의심과 경계심이 늘고 인색해진다. 영적 고립과 결핍이 찾아온다. 이렇듯 육의 생각은 영혼을 피폐하게 만든다.

하지만 눈을 들어 주님을 보면 영의 생각이 들어온다. 아버지의 마음으로 가까운 영혼에게 긍휼을 흘려보내는 통로가 된다. 그로 인해 부요하고 풍성해지는 기쁨을 누린다. 그러면 하나님이 돌보시고 페이버를 부으시는 은혜의 선순환이 일어나기 시작한다. 예수님에게 긍휼히 여김을 받는, 복 있는 자가 된다.

나의 힘이신 주님, 내가 주님을 찬양하렵니다. "하나님은 내가 피할 요새, 나를 한결같이 사랑하시는 분." 시 59:17

1 하나님의 긍휼하심을 묵상해봅시다. 십자가에서 죽으심으로 내게 놀라운 사랑과 자비를 베푸신 예수님에게 감사와 사랑을 고백합시다.

_____

_____

_____

_____

2 내게만 시선이 집중되어 있지 않나요? 나는 긍휼의 수혜자입니다. 아버지의 마음으로 어려움에 처한 영혼을 돌아보고 받은 사랑을 흘려보내길 기도합시다.

_____

_____

_____

_____

3 내 선함과 사랑은 유한하지만, 아버지의 긍휼과 자비는 무한합니다. 아버지의 마음이 내 안에 부어져 흘러넘치기를 구합시다.

_____

_____

_____

_____

Prayer

긍휼과 자비와 사랑의 하나님,

제게 예수 그리스도를 주셔서 감사합니다!

예수님의 보혈을 찬양합니다!

헤아릴 수도, 갚을 수도 없는 이 크고 놀라운 긍휼을 기억하며

받은 사랑을 흘려보내는 자가 되길 원합니다.

주님이 바라보시고 아파하시는 영혼을 제게 보여주세요.

그 영혼을 위해 함께 울고 기도하며 주님의 손발이 되기를 원합니다.

아버지의 긍휼하심이 나를 통해 흘러가, 그가 회복되기를 기도합니다.

지극히 보잘것없는 한 사람에게 한 것이

곧 주님께 한 것이라는 말씀을 기억하며,

약하고 힘없는 자에게 주께 하듯 하겠습니다.

긍휼히 여기는 자는 긍휼히 여김을 받으리라는 말씀대로

제 삶에 아버지의 긍휼과 은혜가 넘치길 기도합니다.

저를 기뻐하시고 돌보시는 주님,

하나님나라 기쁨에 동참하는 복을 누리게 하시니 감사합니다!

예수님의 이름으로 기도합니다, 아멘.

팔복 6.
마음이 청결한 사람은 복이 있다

마태복음 5:1-12, 13:18-23

마음이 청결한 자는 복이 있나니 그들이 하나님을 볼 것임이요 마 5:8 개역개정

"청결한"(헬, 카다로스)은 '깨끗한, 정결한, 순결한'이라는 의미를 지닌다. 마음속이 육의 생각으로 가득 차면, 기도가 잘되지 않는다. 도무지 기도에 집중이 안 된다. 기도 자리에 앉아도 하나님이 안 느껴진다. 분주한 생각이 꼬리를 물고, 쓸데없는 묵상만 하다가, 기도한 건지 졸았는지 알 수 없는 혼미한 상태에서 기도가 지지부진하게 끝나버린다. 이럴 땐 육의 생각들을 청소해야 한다. 다 정리되어 깨끗해지면, 주님의 음성이 들리기 시작한다.

예수님이 말씀하신 '마음 밭' 비유를 보면, 마음이 청결한 자와 그렇지 않은 자의 차이를 알 수 있다. 먼저 '길가'와 같은 마음은 하나님의 말씀을 들어도 깨닫지 못할 정도로 영의 생각이 닫혀있는 마음이다. 이런 마음에는 사탄이 와서 뿌려진 말씀을 얼른 빼앗아 간다.

다음은 '돌밭과 가시덤불'과 같은 마음이다. 이는 하나님의 말씀을 기쁨으로 받기는 하나 믿음의 뿌리가 없어 오래가지 못하고, 말씀과 부딪치는 환난이나 박해가 일어나면 이내 말씀을 잃어버리거나, 세상의 염려와 재물의 유혹에 막혀 결실하지 못하는 경우다. 세속적인 생각과 욕심이 하나님의 말씀을 가리는 상태다. 반면에 이 모든 육의 생각이 예수 그리스도와 함께 십자가에서 죽어 정결해진 사람은, 말씀의 씨가 깊이 뿌리내려 30배, 60배, 100배의 열매를 맺는 좋은 땅이 된다.

내 마음 밭이 하나님의 말씀의 씨앗을 잘 받아들이고 깊이 뿌리내릴 수 있는 옥토인지 살펴봐야 한다. 만일 내 마음 밭에 말씀과 부딪치는 돌과 가시덤불이 널브러져 있다면, 예수님의 이름으로 뽑아내야 한다.

기도 골방에 나아가면, 어떤 날은 기도가 겉돌고 깊이 들어가지 못할 때가 있다. 그때 내 마음 밭을 가만히 들여다보면, 염려, 근심, 욕심, 미움, 판단, 공허, 낙심 등이 자리 잡고 있는 걸 발견한다. 동시에 원수가 그 육의 생각들에 불화살을 쏘아대며 불을 지피고 있는 걸 깨닫는다.

그 상태로는 주님과 친밀한 기도를 할 수 없기에, 먼저 마음 밭의 더러운 것들을 치우는 작업을 해야 한다. 방법은 여러 가지다. '보혈 찬양'을 부르거나 아버지께 쓴 마음을 솔직하게 토설하기도 하고, 육의 생각들을 대적하는 성경 말씀을 선포하거나 방언 기도로 부르짖기도 한다. 예수님의 보혈을 의지해 성령님의 도움을 받아 말씀으로 싸우는 것이다.

마음 밭을 어지럽히는 육의 생각들을 청소하면, 하나님의 따스한 임재가 한 줄기 빛처럼 임한다. 주님의 음성이 잔잔히 들려오기 시작한다. 평안함이 차오른다. 영의 눈과 귀로 살아계신 주님을 선명하게 듣고 보게 된다. 하나님나라와 그 의를 구하는 영의 생각들이 샘솟는다.

교회에서 10년 넘게 '기도시작반'을 섬기면서, 많은 지체의 기도 훈련을 도왔다. 그런데 같은 강의를 들어도 사람마다 맺히는 열매가 다르다. 누구는 뜨거운 기도의 사람으로 변화되지만, 누구는 기도에 관한 지식만 쌓은 채 끝나기도 한다. 그중 눈에 띄게 변화하는 지체들은 하나같이 마음 밭이 좋다. 선포되는 하나님의 말씀을 그대로 흡수하고, 삶에서 기도 실습을 진지하게 한다. 하나님이 기뻐하시는 선한 생각이 기도 가운데 일어나, 그것을 일상에서 실천하며 크고 작은 열매를 맛본다.

반면에 그렇지 못한 지체들은 하나같이 육의 생각으로 가득 차있는 걸 본다. 강의는 기쁘게 듣지만, 일상에서는 이런저런 일에 마음을 뺏긴 채 분주하고 지친 모습으로 주일을 맞이한다. 물론 그들을 위해 중보하지만, 본인이 마음 밭 청소를 하지 않는 한 변화를 기대할 수는 없다.

마음 밭을 정결하게 가꾸자. 더럽고 복잡한 육의 생각을 걷어내야 영의 생각이 일어난다. 그때 하나님의 얼굴을 본다. 하나님과 동행하는 기쁨을 맛본다. 하나님나라와 그 의를 구하는 열매가 삶에 맺히기 시작한다. 성령께서 탄식하는 마음으로 나를 도우신다. 그러니 마음이 청결한 자가 되어 하나님과 얼굴을 마주하는 복을 누리자. 할렐루야!

Let's Pray

1 내 '마음 밭'은 어떤 상태인가요? 내 마음 밭이 옥토가 되기를 기도합시다.

_____

_____

_____

2 요즘 기도를 방해하는 육의 생각이 무엇인가요(염려, 불안, 의심, 분노, 교만, 질
   투, 욕심, 불만 등)? 그것을 성령의 불로 소멸해주시길, 아버지께서 기뻐하시는
   영의 생각이 채워지길 기도합시다.

_____

_____

_____

3 성령충만을 구합시다! 청결한 마음으로 하나님 아버지와 얼굴을 마주하는 복
   을 간구합시다.

_____

_____

_____

Prayer

하나님, 제 마음을 정결케 해주세요.

주님의 음성을 듣고, 아버지의 얼굴을 보길 원합니다.

제 마음 밭에 아버지의 말씀을 받지 못하도록 방해하는

돌부리와 가시덤불이 무엇인지 깨닫길 원합니다.

그것들을 붙들었던 어리석음을 회개합니다.

예수님의 이름으로 뽑아냅니다! 모두 제거해주세요.

따스한 주님의 음성을, 살아계신 아버지의 말씀을 듣길 원합니다.

오직 주로 인해 제 영혼이 기뻐하며 평안을 누립니다.

주님만이 나의 안정감이시며, 나의 길, 나의 공급자,

나의 피난처, 나의 힘, 나의 사랑이십니다.

제 마음 밭에 주님의 선한 생각이 가득 차오르길 기도합니다.

아버지의 나라와 의를 구하는 영의 생각이 샘솟게 해주세요.

그 뜻을 따라 살아내는 복된 삶이 되게 하소서.

예수님의 이름으로 기도합니다, 아멘.

DAY 32

팔복 7.
화평하게 하는 사람은 복이 있다

마태복음 5:1-12

화평하게 하는 자는 복이 있나니 그들이 하나님의 아들이라 일컬음을 받을 것
임이요 **마 5:9 개역개정**

예수님이 이 땅에 오셔서 하신 일이 바로 '화평'하게 하신 거였다(엡
2:14,16). 죄로 인해 담이 가로막히고, 화목한 관계가 깨져버린, 저주받은
우리 인생을 하나님과 화해시켜 주셨다.

그 죄의 저주를 대신 받으시고, 그분의 몸으로 막힌 담을 완전히 허물
어버리셨다. 십자가 보혈로 죄에 종노릇하며 원수에게 끌려 살던 우리를
하나님의 자녀로 취하셨다. 우리 스스로는 하나님과 관계를 회복할 수
없던 그 절망을, 고귀한 생명으로 되돌려 주셨다. 그 위대한 사랑으로
우리를 하나님과 다시 화평케 하셨다. 그렇게 예수님은 우리의 구원자
요, 맏형이 되어주셨다. 할렐루야!

우리는 하나님의 자녀로서 큰형님이 하신 "화평하게 하는" 일을 똑같
이 행해야 한다. 예수님의 생명으로 다시 태어나 그분처럼 "화목하게 하

201

는 직분"을 얻었기 때문이다. 이제 우리 삶의 목적과 이유는 우리를 대신하여 죽고 살아나신 예수님을 위해 사는 것이다. 그분이 우리에게 하셨던 것처럼, 우리의 직분도 '세상을 하나님과 화목하게 하는 것'이다. 죄로 인해 하나님과 단절되어 죽어가는 세상을 향해 구원의 기쁜 소식을 전하는 것이 우리의 사명이다. 주어진 자리에서 영혼들이 하나님과 다시 화목하도록 애쓰고, 섬기고, 희생하며, 기도하는 것이 하나님의 아들 예수님과 같은 자녀의 삶이다(고후 5:15, 18, 19).

교회에 마케터로 일하던 자매가 있다. 자녀를 양육하면서 직장을 그만두고 지금은 작게 사업을 한다. 자매는 종종 의뢰받은 일을 소정의 금액을 받거나 무료로 도와주는데, 기도하며 마음을 다해 돕는다. 그리고 고마움을 표하는 의뢰인에게 예수님의 사랑을 전하며 교회로 초청하곤 한다. 그렇게 예수님을 믿게 된 지체들이 제법 있다. 자매는 받은 은사와 만남의 기회를 통해 '하나님과 화목하게 하는' 자로서 참 잘 살아내고 있다.

한 새신자 형제는 예수님이 너무 좋아서 복음을 전하고픈 열정이 충만한 나머지 집의 쓸 만한 물건들을 중고 거래 사이트에서 무료나눔 하며 복음을 전하고 있다. 복음을 적은 손 편지를 물건과 함께 전하기도 하고, 정중히 양해를 구하고는 기도해주거나 식사까지 하며 복음을 전했다고 한다. 정말 아름답고 대견하다.

또 쉐프인 한 형제는 요식업계에서 거의 불가능한 주일성수를 온전히 지켜내고자 직장을 여러 번 옮겨 다니는 수고를 감당했다. 그는 직장에서 누구보다 성실히 일하고, 동료의 고민을 마음으로 들어주고, 믿음의 단란한 가정을 꾸린 모습을 보여주며 선한 영향력을 끼쳤다. 그러자 하나님을 모르는 후배 쉐프들이 그를 동경하며 교회에 온 일도 있었다.

몇몇 지체는 한 대기업의 다른 부서에서 근무하는데, 사내 신우회를 만들어 정기적으로 모여 기도하고 있다. 개인주의가 극심하고 경쟁이 치열한 회사에서 예수 그리스도의 사랑을 전하고자 자기 시간을 할애해 회사와 동료를 위해 기도하며 성실하게 일한다. 그러자 한 동료가 지체에게 고민 상담을 요청해 왔고, 대화하는 가운데 복음과 간증을 듣게 되어 교회에 오는 일도 있었다.

한 집사님은 체력적으로 버거워 일하던 복지시설을 그만두려고 했다. 그런데 워낙 어른들을 정성껏 섬기던 분이라 시설 소장님이 좀 더 일하길 강권했다. 집사님이 기도해보고는, 그곳에서 어른들과 함께 예배드릴 수 있도록 허락해주면 더 일하겠다고 했고, 고려해보겠다는 답을 얻었다. 언젠가 어른들과 함께 예배할 날을 사모하며 다시금 중보자의 마음으로 눈물의 기도를 뿌리고 있다.

각자 부르신 자리에서, 주님을 모르고 살아가는 주변 영혼들이 하나님과 다시 화목하고, 함께 주님의 자녀가 되는 영광과 기쁨을 누리도록, 기도하며 섬기는 모습이 참 아름답다. 그 속에서 예수 그리스도의 모습을 본다.

화평하게 자는 복이 있나니, 그들이 진정 하나님의 아들이라 일컬음을 받을 것이다!

Let's Pray

1 죄로 인해 막힌 담을 허무시고 하나님과 다시 화목하게 해주신 예수님의 은혜를 깊이 묵상하며, 감사와 찬양의 고백을 올려드립시다.

_____

_____

_____

_____

2 나는 '화평하게 하는 자'의 삶을 살고 있나요? 삶의 자리에서 어떻게 살아내야 할지, 지혜를 구합시다.

_____

_____

_____

_____

3 주변에 하나님과 화평해야 할 영혼들을 위해 기도합시다.

_____

_____

_____

_____

Prayer

생명을 내어주시며

하나님과의 막힌 담을 허무신 예수님,

그 놀랍고 순결한 십자가 사랑을 찬양합니다.

흘리신 보혈로 제 죄를 씻어주시고

하나님의 자녀 삼아주신 은혜를

마음 깊이 새기고 날마다 감사하길 원합니다.

이제는 화평을 선물 받은 제가 화평하게 하는 자로 살겠습니다.

제 인생은 예수님의 피 값으로 사신 아버지의 것입니다.

보내신 자리에서, 죄 가운데 살아가는 영혼들이

예수님의 생명을 얻어 하나님과 화목하게 되도록

시간과 물질과 은사로 마음을 다해 섬기겠습니다.

예수 그리스도의 심장을 제게 이식해주세요.

아버지의 사랑으로 그들을 섬기길 원합니다.

예수님이 가신 '화평케 하는 길'을 따라가

하나님의 자녀로 일컬음 받게 해주세요.

예수님의 이름으로 기도합니다, 아멘.

팔복 8.
의를 위해 박해받은 사람은 복이 있다

마태복음 5:1-12

의를 위하여 박해를 받은 사람은 복이 있다. 하늘나라가 그들의 것이다. 너희가 나 때문에 모욕을 당하고, 박해를 받고, 터무니없는 말로 온갖 비난을 받으면, 복이 있다. 너희는 기뻐하고 즐거워하여라. 하늘에서 받을 너희의 상이 크기 때문이다. 너희보다 먼저 온 예언자들도 이와 같이 박해를 받았다. 마 5:10-12

드디어 '팔복의 진수'를 살펴볼 차례다. 10절에서 "의"는 하나님의 의, 바로 십자가를 지신 예수 그리스도를 가리킨다. 우리 죄를 십자가에서 대신 짊어지심으로 그 죄로부터 건져내신 하나님의 지혜, 곧 복음이다.

이 의를 위해 박해받은 자가 복이 있고, 천국이 그의 것이라고 예수님이 말씀하신다. 박해를 감내할 만큼 의를 지키고 선포하는 자에게는 이 의가 너무도 확실하다. 그는 의를 선명하게 경험한 사람이다. 예수님의 제자들이 그랬다.

복음서에 등장한 제자들은 예수님과 3년간 먹고 자고 사역하고 동행하며 그분이 어떤 분이신지 아주 가까이서 지켜보았다. 그 결과 예수님을 깊이 알았고, 사랑했으며, 그분의 말씀을 온전히 따르고자 힘썼다. 예수님을 위해 목숨까지 바치겠다던 베드로의 각오는 진심이었다. 하지만 결국 제자들 모두 십자가 앞에서 벌벌 떨며 도망갔다. 예수님이 받으신 박해와 핍박을 감당할 자신이 없었다. 너무 무서웠다.

그렇게 완전한 어둠과 두려움에 눌려 숨어버린 제자들에게 부활하신 예수님이 나타나셨다. 자신이 죽고 사흘 만에 다시 살아날 것을 여러 번 말씀하셨지만, 그 말을 전혀 믿지 못했던 제자들에게 진짜로 부활한 모습을 보이신 거였다.

제자들은 그제야 예수님의 말씀을 믿었다. '부활'과 '천국'이라는 관념이 실제가 되었다. 영의 눈이 열려 말씀이 삶에 풀어지기 시작했다. 이후 예수님은 하늘로 올라가며 보혜사 성령님을 약속하셨고, 마가 다락방에 모여 기도하던 그들에게 불과 같은 성령님을 보내주셨다.

그날 제자들은 성령으로 거듭났고, 하나님나라를 보았다. 진정 하나님나라로 들어갔다(요 3:3,5). 새사람이 되었다. 육이 죽고 영이 살아났다. 예수님의 영이 충만하게 부어지자, 제자들은 담대해졌다. 더 이상 두렵지 않았다. 두려움이 기쁨으로 변했다.

이후 사도행전 속 제자들은 복음서와 다른 인물처럼 느껴지기까지 한다. 그들은 매 맞고, 헐벗고, 욕먹고, 갇히고, 갖은 핍박을 받아도 늘 기쁨으로 충만했다. 그들에게 하나님나라와 그곳으로 들어가는 길이신 예수님은 결코 숨길 수 없는 '의'셨기 때문이다. 그 어떤 박해도 성령께 붙들려 그리스도를 전하는 기쁨을 막지 못했다.

바울도 다메섹 도상에서 예수님을 만나 고꾸라진 이후에 완전히 새사람이 되었다. 그의 눈이 멀었다가 다시 보게 되었을 때, 육은 죽고 영이 살아났다. 그는 남은 인생을 오직 예수 그리스도, 복음을 전하는 데 바치며 그 어떤 고난도 넉넉히 감당했다(고후 11:23-27). 또한 자신이 약할수록 그리스도의 능력이 머무르므로 오히려 더 강해진다고 증언했다(고후 12:9,10).

그에게 천국은 현실보다 더 선명한 곳이었다. 그는 고난을 정신력으로 버티지 않았다. 날마다 그를 생생하게 붙드시는 예수님의 생명이, 성령님의 임재가, 분명한 천국에 대한 믿음이 그로 너끈히 견디게 했다. 그는 영원한 하나님나라에서 자신에게 예비된 상과 면류관을 믿음으로 바라보며, 그 기쁨과 영광을 위해 이 땅에서의 선한 싸움을 온전히 싸웠고 믿음을 지켰다(딤후 4:7,8).

고3 때, 하나님을 뜨겁게 사랑했던 아버지가 암으로 돌아가셨다. 난 크게 시험에 들었고, 복음의 능력을 의심했다. 그때까지만 해도 내게 복음은 이 땅에 한계를 두고 있었다. 마치 제자들이 예수님을 로마 정부로부터 그들을 구원할 영웅으로 기대했다가, 그분이 십자가에 달리시는 걸 보고 혼란스러워했던 것처럼.

하지만 부활하신 예수님이 그들에게 나타나셔서, 복음은 이 땅에서 호의호식하는 삶에 있지 않고, 영원한 하나님나라를 소유하는 것임을 알려주셨다. 나 역시 생명 되신 예수님을 인격적으로 만나면서, 이 땅에 머물러 있던 '반쪽짜리 신앙'이 비로소 '하나님나라'로 확장되었다. 영원한 생명과 천국 본향을 깨닫자 아버지의 죽음에 대한 회의감도 눈 녹듯 사라졌다. 그리고 바울 사도처럼, 예비된 상을 바라며 이 땅에서 선한 싸움을 싸우는 데 전념하기 시작했다.

당신의 삶에도 복음으로 인해 얻은 상흔이 있는가? 진정 예수님을 만났다면, 천국을 바라본다면, 그로 인한 씨름과 핍박의 흔적이 있을 것이다. 만일 여전히 세상 사람들처럼 육신의 정욕과 이생의 자랑을 위한 자아의 씨름만 가득하고, 의를 위한 박해는 피하고 싶다면, 예수님의 생명이 내게 있는지 돌아봐야 한다.

예수님의 생명을 맛보아 안 자는 어려움이 있어도 이전의 삶으로 돌아가지 않는다. 그럴 수가 없다. 세상이 주는 찰나의 기쁨과 영혼 깊은 곳에서 샘솟는 참 기쁨은 비교 불가이기 때문이다.

나도 예수님을 만난 후, 라이프스타일이 180도 바뀌었다. 말씀 안에서 주님이 기뻐하시는 뜻을 따라 삶을 정돈했다. 복음에 합당하지 않은 옛 습관을 버렸고, 인내했고, 때론 눈물도 흘렸다. 하지만 동행해주시는 아버지의 사랑과 은혜가 모든 걸 덮고도 남았다. 여전히 옛 자아가 꿈틀대며 올라와 엎치락뒤치락하지만, 성령께서 붙드시며 하나님나라를 보게 하시니, 다시 일어나 영혼들을 섬기고 중보하는 인생을 감사함으로 살아간다.

열방에 계신 선교사님들의 간증을 들으면 마음이 숙연해진다. 하나님나라와 영혼들을 위해 그 많은 불편과 고통을 감내하며 기쁨으로 섬기시는 모습이 참 아름답다. 그들을 보면, 정말 천국이 보인다.

히브리서 11장에 기록된 믿음의 선배들도 지금으로선 상상할 수 없는 박해와 고난을 견디며 믿음으로 하나님나라를 보았다. 마지막 때를 살아가는 우리에게도 그 놀랍고 굳건한 믿음이 부어지길 소망한다.

의, 곧 예수 그리스도를 위해 박해를 견디는 복된 자가 되길, 약속된 천국을 사모하며 선한 싸움을 싸우고, 사명의 길을 완주하길 간절히 기도한다.

나는 선한 싸움을 다 싸우고, 달려갈 길을 마치고, 믿음을 지켰습니다. 이제는 나를 위하여 의의 면류관이 마련되어 있으므로, 의로운 재판장이신 주님께서 그날에 그것을 나에게 주실 것이며, 나에게만이 아니라 주님께서 나타나시기를 사모하는 모든 사람에게도 주실 것입니다. 딤후 4:7,8

1 하나님의 완전한 의, 예수 그리스도를 내어주심에 감사합시다. 오늘도 십자가 사랑으로 주어진 영원한 생명을 기뻐하며 살아가길 기도합시다.

2 나는 '복음서'와 '사도행전' 속 제자들의 모습 중 어느 쪽에 가깝나요? 성령충만을 받아, 영의 사람으로 변화되길 기도합시다.

3 나는 의를 위해 박해를 받고 있나요, 아니면 그리스도인의 정체성을 숨기며 살고 있나요? 두려움이 있다면 솔직하게 고백하고, 아래 말씀을 선포하며 믿음의 용기를 부어주시길 기도합시다.

푯대를 향하여 그리스도 예수 안에서 하나님이 위에서 부르신 부름의 상을 위하여 달려가노라 빌 3:14 개역개정

Prayer

하나님의 완전한 의가 되신 예수님,

보혈로 사망 권세를 이기시고

영원한 축복으로 옮겨주신 크신 사랑을 노래합니다.

죄인 된 저를 위해 십자가에 쏟으신 물과 피를 기억합니다.

고귀한 예수님의 생명과 사랑으로 열어주신

영원한 하나님나라, 천국을 사모합니다.

제 영혼의 눈을 여셔서 믿음으로 바라보게 해주세요.

복음서의 제자들이 사도행전의 제자들로 변화되었듯이,

저도 성령충만한 성령의 사람으로 변화되길 기도합니다.

오직 복음으로 충만하여 담대하고 기쁨이 넘치길 원합니다.

바울처럼 부르신 상을 위해 달려가게 하소서!

믿음의 선한 싸움을 싸울 지혜와 인내와 용기와

기쁨과 은혜를 충만하게 부어주소서!

예수님의 이름으로 기도합니다, 아멘.

DAY 34 진짜 사랑을 하라

고린도전서 13장

사랑은 오래 참고, 친절합니다. 사랑은 시기하지 않으며, 뽐내지 않으며, 교만하지 않습니다. 사랑은 무례하지 않으며, 자기의 이익을 구하지 않으며, 성을 내지 않으며, 원한을 품지 않습니다. 사랑은 불의를 기뻐하지 않으며, 진리와 함께 기뻐합니다. 사랑은 모든 것을 덮어주며, 모든 것을 믿으며, 모든 것을 바라며, 모든 것을 견딥니다. 고전 13:4-7

성경이 말씀하는 '사랑'의 정의다. 사랑 그 자체이신 예수님은 이 땅에서 이 정의대로 살아내셨다. '십자가'에서 사랑의 모든 속성을 완벽하게 이루셨다. 그 놀라운 사랑이, 예수님의 생명이 우리 안에 있다.

반면에 육의 사랑은 정반대다. 급하고, 이기적이고, 질투하고, 자랑하고, 교만하고, 무례히 행하고, 자기 이익만 구하고, 성내고, 복수심에 불타고, 진리 따위 무시하고, 작은 잘못도 들추고, 작은 일도 의심하며, 조금도 참지 못한다. 이건 사랑이 아닌 욕심일 뿐이다. 이 '사랑'(이라 부르는 거짓 사랑)은 사랑을 낳지 못한다. 죄를 낳는다. 이것에 매이면 하나님의 사랑에서 멀어진다.

당신은 어떤 사랑을 하고 있는가? 하나님, 가족, 배우자, 친구, 이웃, 자기 자신 등 모든 관계에 성경이 말씀하는 사랑의 정의를 비춰보자. 과연 예수님의 사랑인지, 육의 사랑인지 분별할 수 있다. 분명한 진리는, 우리가 해오던 '거짓 사랑'이 예수 그리스도와 함께 십자가에 못 박혀 죽었다는 사실이다. 내 안에 계신 예수님의 생명을 따라 살 때, 예수님이 하신 '진짜 사랑'을 할 수 있다. 갈라디아서 5장은 그 지혜를 말씀한다.

> 여러분은 성령께서 인도하여주시는 대로 살아가십시오. 그러면 육체의 욕망을 채우려 하지 않을 것입니다. 육체의 욕망은 성령을 거스르고, 성령이 바라시는 것은 육체를 거스릅니다. 이 둘이 서로 적대관계에 있으므로, 여러분은 자기가 원하는 일을 할 수 없게 됩니다. 갈 5:16,17

그리스도 예수께 속한 사람은 육체와 함께 그 정욕을 십자가에 못 박았다. 그러므로 성령님을 따라 행하면, 육체의 욕심을 이루지 않는다(갈 5:24,25). 내 안에 계신 성령께 삶의 주권을 내드리고 성령을 따라 관계 맺을 때, 성령께서 부어주시는 마음과 생각과 지혜를 구할 때, 예수님의 진짜 사랑이 흘러간다.

우리 교회에서는 일주일에 한 번씩 소그룹 모임을 한다. 함께 말씀 안에서 한 주간의 삶을 나누는데, 첫 번째 나눔 주제가 '감사'다. 매주 나누다 보니, 삶에서 감사를 찾는 태도와 관계에서 감사를 발견하는 습관이 길러진다. 육의 생각으로는 감사하기 어려운 일도 성령께서 주시는 감동을 따르면 감사가 일어난다.

이전에는 섣불리 판단하고 못마땅했을 관계도, 온유와 인내로 바라보게 된다. 가볍게 여기거나 당연시했던 관계도 소중하게 여기니 무례함이 사라진다. 견디기 힘들었던 관계도 오래 참고 기도함으로 풀어지는 은혜를 경험한다. 이런 나눔을 하다 보면, 이를 놓치고 있던 지체들에게도 감사 바이러스가 퍼져나간다. 성령님을 따라 감사할 때, 예수님의 사랑, 진짜 사랑이 흘러가는 것이다.

한번은 내가 리더로 있던 소그룹 모임에서 한 지체가 해결되지 않는 삶의 문제로 시험에 든 적이 있었다. 나는 믿음으로 인내하길 권했고, 그 말에 지체는 도끼눈을 뜨고 따졌다. 얼마나 상처가 되던지, 나는 새벽에 일어나 하나님 앞에서 펑펑 울며 기도했다. 그런데 주님께선 '그를 사랑하라' 하셨다. 예수님의 사랑으로 오래 참고 기도를 심어주라고. 처음에는 억울한 마음도 들었다. 하지만 성령님의 도우심을 구하자 그 지체를 향한 긍휼함이 부어져 눈물로 중보하게 되었다. 이후 꾸준히 아버지의 마음으로 그를 섬기려 애썼다.

하루는 그 지체로부터 만나자고 연락이 왔다. 떨리는 마음으로 기도하며 나갔는데, 그는 그동안 자신을 기다려주어 고맙다며 눈물을 보였다. 내 사랑에서 예수님의 사랑을 느꼈고, 자신도 믿음의 사람으로 변화되고 싶다고 말했다. 정말 감사했다. 이후 지체는 점점 바뀌었다. 고민하던 문제도 주님께서 응답해주셨고, 지금은 소그룹 리더가 되어 충성스런 일꾼으로 섬기고 있다.

낮은 자존감을 가진 사람은 늘 누군가에게 미안해한다. 자신을 타인과 비교하며 부족하게 여긴다. 상대방의 무리한 요구까지 다 들어주려 자신을 희생하다가 번아웃이 와서 잠수를 타거나 예배마저 드리지 않는다. 그런 자신을 정죄하며 더 고립되고 괴로워한다. 하지만 마음 깊은 곳에서는 인정과 사랑을 끝없이 갈구한다.

이런 사람은 하나님과의 관계에서도 자신을 죄인으로 몰아간다. 주님 앞에서 회개만 하고 그분의 사랑을 온전히 받아 누리질 못한다. 이처럼 병든 육의 생각들로 자신을 사랑하지 못하고, 거짓 사랑에 매여 고통당하는 이들을 주님께서 얼마나 안타까워하실까.

예수님의 사랑은 조건부가 아니다. 우리가 아무리 연약하고 부족해도 있는 모습 그대로를 사랑하신다. 그분은 우리가 아직 죄인이었을 때 당신의 고귀한 생명을 몽땅 내어주셨다. 그 사랑을 깨달을 때, 거짓 사랑이 쳐놓은 정죄의 덫에서 풀려날 수 있다.

실제로 복음의 능력으로 놀랍게 바뀐 지체들이 많다. 그들의 인상부터 사고방식과 태도가 예수님의 사랑으로 점점 변화되는 걸 보며, 그 사랑이 실로 위대하다고 느낀다. 사랑하면 닮는다는데, 예수님의 진짜 사랑을 누리는 사람은 그분을 닮아가는 아름다운 열매를 맺는다.

반면에 하나님과의 관계에서 자기중심적 태도를 고수하는 이들도 있다. 한 지체는 간절한 기도 제목을 두고 작정기도를 했지만, 기대한 결과를 얻지 못하자 실족하는 마음이 들었다. 응답해주지 않는 하나님이 야속했다. 결국 몸까지 아팠다. 그가 쓴 마음으로 아버지께 따지듯 기도하자, 주님이 환상을 하나 보여주셨다.

넓은 광야를 걸어가는 자신의 모습 위로 하늘을 꽉 채울 만큼 크신 얼굴로 자신을 주목하고 계신 하나님이 보였다. 티끌 같은 자신을, 크신 하나님께서 사랑의 눈으로 바라보고 계셨다. 그런데 정작 자신은 주님이 아닌 다른 무언가를 끊임없이 찾아 헤매고 있었다.

그는 비로소 하나님의 마음을 깨닫고 눈물로 회개했다. 하나님과 얼굴을 마주할 수 있는 귀한 광야 시간에 다른 데서 안정감과 행복을 찾으려 했던 게 너무 죄송했다. 그 지체는 자신이 주장하던 것을 내려놓자 놀라운 평안과 기쁨이 회복되었다고 고백했다.

내 간구에 주님이 'Yes'라고 응답하셔야만 그분을 사랑하는 건 어리석고 이기적인 태도다. 주님은 이미 나를 위해 생명을 주셨다. 전부를 주셨다. 그런 분께서 'No', 'Wait'로 응답하시는 것 역시 나를 사랑하셔서다. 그거야말로 진짜 'Best'다.

하나만 기억하자. 예수님이 나를 사랑하신다. 그 놀라운 사랑을 입은 나는 이제 성령님을 따라 '진짜 사랑'을 할 수 있다. 육의 거짓 사랑은 십자가에 못 박혔다. 이제 예수님이 친히 가르치고 보여주신 진짜 사랑을 하자. 하나님 아버지와 소중한 영혼들을 뜨겁게 사랑하자.

1 나의 '사랑'을 돌아봅시다. 거짓 사랑을 하고 있다면 깨닫게 해주시고, 예수님의 사랑을 부어주셔서 그리스도의 심장으로 사랑하길 기도합시다.

---

2 아래 말씀을 천천히 소리 내어 읽으며 깊이 묵상하고, 이 사랑이 내 것이 되길 간구합시다.

사랑은 오래 참고, 친절합니다. 사랑은 시기하지 않으며, 뽐내지 않으며, 교만하지 않습니다. 사랑은 무례하지 않으며, 자기의 이익을 구하지 않으며, 성을 내지 않으며, 원한을 품지 않습니다. 사랑은 불의를 기뻐하지 않으며, 진리와 함께 기뻐합니다. 사랑은 모든 것을 덮어주며, 모든 것을 믿으며, 모든 것을 바라며, 모든 것을 견딥니다. 고전 13:4-7

3 내가 사랑해야 할 영혼을 떠올려봅시다. 사랑할 만한 대상뿐 아니라 그렇지 못한 이들까지도 예수님의 사랑으로 사랑하기를 기도합시다. 성령님의 도우심을 구합시다.

Prayer

사랑이신 하나님,

순결한 보혈을 흘리사 생명을 내주기까지

저를 사랑하신 예수님, 감사합니다.

그 크고 숭고한 사랑을 마음에 새기고 기억하겠습니다.

죄로 물든 육신의 거짓 사랑은 십자가에 못 박혔습니다.

예수님의 귀한 생명을 얻은 저는 이제 거짓 사랑을 하지 않습니다.

아버지의 참된 사랑을 가르쳐주세요. 거짓 사랑에서 돌아서게 해주세요.

주님이 절 사랑하시듯이, 저도 순결하게 주님을 사랑하길 원합니다.

예수님의 사랑으로 이웃을 사랑하길 원합니다.

오래 참고, 온유하며, 시기하지 않으며, 자랑하지 않으며,

교만하지 않으며, 무례히 행하지 않으며, 내 유익을 구하지 않으며,

성내지 않으며, 악한 것을 생각하지 않으며, 불의를 기뻐하지 않으며,

진리와 함께 기뻐하고, 모든 것을 참고, 믿고, 바라고, 견디는

참사랑을 하겠습니다. 성령을 따라 사랑하겠습니다.

예수님의 이름으로 기도합니다, 아멘.

DAY 35

주는 기쁨을 누리라

누가복음 6:38

주라 그리하면 너희에게 줄 것이니 곧 후히 되어 누르고 흔들어 넘치도록 하여
너희에게 안겨주리라 너희가 헤아리는 그 헤아림으로 너희도 헤아림을 도로
받을 것이니라 눅 6:38 개역개정

타락한 인간의 본성은 주기보다 받기를 좋아한다. 시간, 물질, 관계
등을 더 가지려고 끝없이 노력한다. 그리고 세상은 더 많이 가진 인생을
'성공'한 인생이라 부른다.

하지만 예수님은 어떠셨는가? 모든 걸 내어주셨다. 주시기 위해서 낮
고 낮은 이 땅에 오셨다. 그러한 예수님의 생명으로 새 피조물이 된 우리
는 어떤가? 놀라운 건, 예수님의 사랑을 입으면 거저 주는 게 쉬워진다.
예수님을 만나면 주고자 하는 성령님의 거룩한 소욕이 일어난다.

남편은 이십 대 중반에 예수님을 뜨겁게 만났다. 이후 소위 '예수에 미
친 자'가 되었다. 예수님이 너무 좋아서 교회를 내 집처럼 드나들며 목사

님과 성도를 열심히 섬겼다. 월급은 각종 헌금과 소그룹 지체들에게 밥 사주는 데 주로 썼다. 겨울 외투가 두 벌이면 하나는 필요한 지체에게 주었다.

결혼 후 재정이 빠듯했던 신학생 시절에도, 하나님께는 언제나 후히 헌금하려 했다. 부부가 끼니를 줄이는 한이 있어도 하나님께 드리는 건 아끼지 않았다. 억지로 말고, 늘 기쁘게 드렸다.

그런 남편에게 하나님께서는 삶에서 갚아주시고 페이버를 부으셨다. 그와 10년 넘게 살다 보니, 나도 주는 기쁨을 배웠다. 누군가 도움이 필요할 때, 물질이든 시간이든 마음이든 드리는 삶을 살게 되었다. 주는 삶의 또 다른 은혜는, 주는 사람이 더 기쁘다는 거다. 아낌없이 줄 때 예수님의 사랑이 흘러가니 나부터 그 사랑을 흠뻑 누릴 수 있다. 손해 보는 인생이 아니라 주님이 먹이고 입히고 채우며 책임지시는 인생이 된다.

예수님을 만나도 여전히 '인색함'에서 벗어나지 못하면, 복음의 기쁨과 능력을 잃어버릴 위험이 있다. 실제로 우리의 믿음이 성장할 때 원수는 '주는 것에 대한 두려움과 회의감'의 불화살을 쏘아댄다. 우리로 육의 생각에 갇혀 계산기를 두드리게 하며, 주님께든 사람에게든 시간, 물질, 관계, 꿈을 드리는 것이 손해이고 어리석은 일인 것처럼 속여, 주려는 선한 마음을 얼어붙게 만든다. 하지만 과연 그렇게 아낀다고 더 득일까?

인색함은 내 안에 시선을 가둔다. 시야를 좁아지게 한다. 그러면 마음의 여유를 잃고, 경쟁에 시달리며, 가져도 충분한 만족이 없다. 그다음 목표를 향해 계속 달려가게 된다. 자연히 나를 통해 하나님의 사랑이 흘러가지 않는다. 사람뿐 아니라 하나님께도 인색해진다. 아버지께 드리는 시간과 물질과 관계가 아까워서 영적인 삶을 뒤로 미루게 된다. 결국 믿음이 식어버리거나 주님을 떠날 수도 있다. 역설적으로, 자기 것만 인색하게 챙길수록 결핍이 찾아온다. 반대로 후히 줄 때 전보다 더 풍성하게 채워진다. 이 영적 원리를 육의 생각으로는 이해할 수 없다.

어떤 사람이 지옥과 천국에 다녀온 '웃픈' 이야기가 있다. 그가 지옥에서 밥을 먹는데, 아주 긴 젓가락으로 먹어야 했다. 그걸로 먹자니 밥알을 계속 떨어트리고, 옆 사람의 긴 젓가락에 찔리고 부딪혀 서로 화내기 바빴다. '여기가 정말 지옥이구나' 싶었다. 그는 천국에도 갔다. 거기서도 아주 기다란 젓가락으로 밥을 먹었는데, 서로 건너편 사람에게 먹여주니 배부르게 먹을 뿐 아니라 웃음꽃이 피었다. 서로를 사랑하는 마음이 가득해 '여기가 정말 천국이구나' 싶었다.

사람이 만들어낸 이야기일지 모르지만, 가지려 들 때 궁핍이 찾아오고, 주고자 할 때 더 채워지는 영적 원리를 발견할 수 있다.

우리 교회는 '여름 단기선교' 시즌에 영적 온도가 가장 뜨겁다. 나라별로 팀을 이루어 두 달간 열심히 준비한다. 선교비도 자비량이고, 일주일의 선교 기간을 위해 여름휴가를 반납하는 등 시간을 비워야 한다.

준비 기간에는 새벽기도, 주중 기도, 중보기도, 금식기도 등을 꾸준히 해야 하고, 동시에 선교 물품 마련, 공연 연습, 말씀 공과 제작, 바자회 준비 등을 진행한다. 이 모든 걸 직장 다니고 육아하며 감당하려니 눈코 뜰 새 없이 바쁘다. 잘 시간을 줄이고 '링거 투혼'을 하는 지체들도 있다.

그런데 현지에 가서는 더 고생한다. 무더운 날씨, 열악한 잠자리, 생소한 음식, 빡빡한 봉사와 전도와 예배 일정을 소화하며 단기선교사로서 최선을 다한다.

놀랍게도, 땀과 눈물을 쏙 빼고 돌아온 지체들의 얼굴에서 빛이 난다. 이때만큼 행복해 보일 때가 없다. 마치 개선장군처럼 얼굴에 비장한 은혜가 흐르고, 영적 성장이 더디던 이들도 완연한 새 피조물이 되어 있다. 예수님의 사랑을 귀가 아닌 눈으로 보았다는 눈물의 간증이 쏟아진다. 모두 영의 눈이 열려 예수님을 드러내는 삶의 열매가 맺힌다.

이전까지 '무채색 크리스천'이었던 지체들이 영향력 있는 삶을 고민하고 기도하며, 점차 '빛과 소금'으로 살아내기 시작한다. 움켜쥐는 삶에서 후히 주는 삶으로 바뀐다. 더불어 선교지에서도 영혼 구원의 기쁜 소식들이 들려온다. '주고, 주님이 채우시고, 주고, 주님이 채우시는' 아름다운 선순환이 이어진다.

이 시즌을 지나며 영적 원리를 또 한 번 깨닫는다. 내 시간과 물질과 마음을 드릴 때, 갑절의 기쁨과 은혜를 누린다는 걸! 우리는 예수님의 보혈로 새 피조물이 된 영의 사람으로서 '주는 DNA'를 받았다. 사랑하는 우리 하나님께, 이웃에게 아낌없이 주는 인생을 살자! 시간과 물질과 마음을 기쁘게 드리자. 세상이 모르는 '주는 기쁨', 천국의 기쁨을 넘치게 안겨주시리라.

1 내게 전부를 주신 예수님의 십자가 사랑을 묵상합시다. 아낌없이 주시는 그 사랑이 내 마음에 부어지기를 간절히 기도합시다.

---

2 내게 유독 인색한 영역이 있다면 무엇인가요? 여전히 내 것 챙기기에 급급한 모습을 회개하고, 주는 기쁨으로 살아가길 기도합시다.

---

3 '주는 삶'을 실천할 대상과 내용을 생각해봅시다. 아래 말씀의 △△에는 '내 것을 나눌 사람의 이름'을, ○○에는 '내 이름'을 넣어서 소리 내어 선포하며 말씀이 내 심령에 새겨지기를 간구합시다.

△△에게 주라 그리하면 ○○에게 줄 것이니 곧 후히 되어 누르고 흔들어 넘치도록 하여 ○○에게 안겨주리라 ○○가 헤아리는 그 헤아림으로 ○○도 헤아림을 도로 받을 것이니라 눅 6:38 개역개정

Prayer

～～～

자신을 주시기 위해 낮고 낮은 이 땅으로 오신 예수님,

그 사랑이 얼마나 크고 깊고 놀라운지요!

아낌없이 전부를 내어주신 예수님의 사랑을 날마다 감사하며

저도 그 사랑을 따라 살길 원합니다.

주기보다 받기를 좋아하고, 나만을 위해 더 가지라고 부추기는

제 육의 생각은 예수님과 함께 십자가에서 죽었습니다.

예수 그리스도의 생명이 제 안에 있습니다.

저는 새 피조물이 되었습니다. 주기를 기뻐하는 삶을 살게 하소서.

원수는 주는 것이 손해라고 속이지만, 오히려 줄 때

주님께서 채우시는 기쁨을 누리게 될 줄 믿습니다.

필요를 공급하실 뿐 아니라 세상이 줄 수 없는 천국의 기쁨을

충만히 부어주실 줄 믿습니다!

이제 주기를 기뻐하는 영의 라이프스타일로 살겠습니다.

성령님, 저를 인도해주세요. 예수님의 이름으로 기도합니다, 아멘.

DAY 36

선한 데 지혜롭고
악한 데 미련하라

로마서 16:17-20

너희가 선한 데 지혜롭고 악한 데 미련하기를 원하노라 평강의 하나님께서 속히 사탄을 너희 발아래에서 상하게 하시리라 롬 16:19,20 개역개정

"선한 데"와 "악한 데"는 무얼 의미할까? 본문에서 바울은 로마 교회 안에서 일어난 분쟁에 관해 얘기한다. 공동체 안에 배운 교훈을 거슬러 분열을 일으키며 올무를 놓는 사람들이 있는데, 그들은 그리스도를 섬기는 게 아닌 자기 배만 섬기는 자니, 그들의 교활한 아첨에 미혹되지 말라고 권면한다. 귀를 즐겁게 하고 마음을 사는 그럴듯한 거짓말에 휩쓸리지 말라는 거다.

진리의 말씀에는 까다롭고 강퍅하게 굴면서, 교활한 아첨에는 순진하게 끌려가는 것이 '악한 데 지혜롭고, 선한 데 미련한' 모습이다. 이 거짓의 배후 세력은 하나님을 대적하는 사탄이다.

그러므로 "악한 데"는 '원수의 뜻' 곧 '육의 생각', "선한 데"는 '주님의 뜻' 곧 '영의 생각'이라 할 수 있다. 그러니 '선한 데 지혜롭고 악한 데 미

련하라'라는 건 하나님의 뜻을 따르는 영의 생각에는 지혜롭고, 하나님의 뜻을 거스르는 육의 생각에는 미련하라는 의미다. 그럴 때, 평강의 하나님께서 속히 사탄을 쳐부수셔서 우리 발아래 짓밟히게 하시는 놀라운 역사가 일어나리라. 할렐루야!

성도 가운데, 육의 일에는 발 빠르게 반응하는데, 영의 일에는 별 관심이 없는 사람이 있다. 그와 반대로 영의 일에는 기꺼이 삶을 드리는데, 육의 일에는 아둔한 사람이 있다. 전자는 '악한 데 지혜로운 자'이고, 후자는 '선한 데 지혜로운 자'다.

육적인 사람은 성도의 이런저런 가십에 관심이 많다. 물론 성도의 삶에 관심을 두고 중보하는 건 중요하지만, 실제로 그런 자는 조용히 돕고 기도한다. 반면에 성도의 크고 작은 소문을 실어 나르며 이야기하기를 좋아하는 사람은 봉사와 기도로 섬기는 자리보다 개인적인 교제의 자리를 더 즐긴다. 그런 자리에만 나타난다.

반대로 늘 기도와 섬김의 자리를 지키는 영적인 사람이 있다. 그는 아버지의 마음이 있는 곳에 누구보다 빨리 침노하며 자신을 기꺼이 드리지만, 삼삼오오 교제하는 자리에는 잘 보이지 않는다.

또 재테크에는 정보가 많고 과감하게 투자하는 데 비해 선교지나 헌금이 필요한 곳에는 흘려보내기를 망설이는 사람이 있다. 반대로 재테크는 잘 몰라도 하나님이 감동을 주시는 곳이면 언제든 아낌없이 플로잉하는 사람이 있다. 또 자기에게 유익이 될 사람은 잘 섬기면서 자신과 상관없는 혹은 소외된 사람에게는 관심 없는 이가 있는가 하면, 하나님을 경외함으로 사람을 차별하지 않되 어려운 지체에게 마음과 물질과 시간을 흘려보내는 이도 있다. 또 자신을 선대하는 사람에게는 친절을 베풀되 원수를 미워하는 이가 있는가 하면, 말씀에 순종함으로 원수에게 후히 대접하려 애쓰는 이도 있다(잠 25:21,22).

　한 자매님의 이야기다. 어릴 적 부모님이 이혼하고, 학창 시절을 방황하며 보낸 그녀는 마음에 상처가 많았다. 결혼 후 그 상처는 남편과의 다툼으로 번졌고, 시가족을 향한 미움과 갈등으로 이어져 시댁과 왕래가 거의 끊기고 말았다. 하지만 교회에 다니며 하나님 말씀에 순복하고자 하는 내면의 거룩한 씨름이 시작되었다.

　그녀는 상처로 얼룩진 자신을 십자가에 못 박고, 진리대로 용서하고 사랑하고자 기도로 매달렸다. 그러자 상처로 인해 왜곡된 시선으로 원수같이 바라보던 시부모님이 다르게 보였고, 그들의 사랑을 건강하게 받아 누리는 관계로 변화되었다.

　그뿐 아니라 오 남매를 낳아 기르며, 아이들 양육에 돈이 절대적이라는 근심도 하나님 안에서 뒤바뀌었다. 하나님께 필요를 눈물로 구하자 다음 날 빵 30박스를 선물 받았고, 다 먹을 즈음 또 기도했더니 이웃집에서 문고리에 콩나물을 걸어두고 갔다. 얼마 뒤 남편에게도 말씀대로 순종하고자 실천했더니 다음 날 닭강정 60박스가 들어왔고, 시아버지를 축복하며 기도한 다음 날에는 샤인머스켓 30송이가 들어와 이웃과 나눠 먹었다. 그녀는 우연이라고 하기엔 너무도 선명하게 하나님께서 갚으시고 책임져주셨다고 간증했다.

선악과를 따 먹은 아담의 후예인 우리는 본래 악한 데 지혜롭고, 선한 데 미련한 자였다. 하지만 하나님의 최고의 지혜인 십자가에서 예수님이 우리를 위해 생명을 내주셨다.

사탄은 가룟 유다가 주님을 배반하게 하고, 제자들을 두려움에 가두고, 백성을 선동해 예수님을 십자가에 못 박으면, 하나님과 인간이 영원히 돌이킬 수 없는 원수 관계로 확정되리라 여겼다. 그래서 교활하게 예수님을 십자가로 몰아갔고, 그것을 지혜라 착각했다.

하지만 십자가는 주님의 지혜였다. 십자가에서 우리 죄를 대속하고 부활하심으로 우리와 영원히 끊을 수 없는 완전한 사랑의 관계를 맺으셨다. 그리고 그 놀라운 지혜를 가르쳐주셨다. 선한 데 지혜롭고, 악한 데 미련한 지혜를 말이다.

여전히 옛사람이 악한 데 지혜롭고, 선한 데 미련하도록 충동질할 수 있다. 하지만 우리는 예수님의 생명으로 죄의 사슬이 끊어진 새로운 피조물이 되었다. 그러니 오직 복음의 능력을 붙들고, 선한 일에 지혜롭고 악한 일에 미련하게 굴자. 그런 삶이 어리석다고 조롱하는 원수의 속임을 무시하자. 원수는 결국 우리 발아래 짓밟힐 것이다.

늘 동행하시고 갚아주시는 주님의 놀라운 역사를 오늘도 기대하자.

1 영의 생각에는 지혜롭고, 육의 생각에는 미련하게 살고 있나요? 악한 데 지혜로웠던 모습을 돌아보며, 회개합시다.

_____

_____

_____

_____

2 하나님의 사랑과 지혜가 부어진 예수님의 십자가를 묵상합시다. 그 사랑과 지혜가 내게 부어져 하나님의 뜻을 끝까지 따를 수 있기를 기도합시다.

_____

_____

_____

_____

3 선한 데 지혜롭고, 악한 데 미련하게 사는 믿음을 구합시다. 선한 양심과 영의 생각이 일어나도록 성령께서 인도해주시길 기도합시다.

_____

_____

_____

_____

Prayer

선한 데 지혜롭고 악한 데 미련한 지혜를

십자가에서 몸소 보여주신 예수님,

그 순종과 사랑을 찬양합니다.

악한 데 지혜로웠던 제 옛사람은 십자가에서 죽었습니다.

이제 부활하신 예수님과 함께

십자가의 지혜와 순종과 사랑으로 살겠습니다.

성령님, 제가 돌이켜야 할 삶의 모습을 깨닫게 해주세요.

제 안에 주님의 지혜가 부어지고, 선한 양심이 일어나길 기도합니다.

주님의 지혜를 따라가는 것이 손해이고 어리석은 일인 것처럼

원수가 조롱하며 두려움을 심어줄 때

복음의 능력으로 원수를 밟고 일어나게 하소서.

제가 선한 데 지혜롭고 악한 데 미련할 때

주님께서 원수를 제 발아래 짓밟게 하시며 갚아주시는 줄 믿습니다.

제 삶에 주님이 이루신 놀라운 역사가 넘쳐나길 기도합니다.

악한 세상에서 주님의 지혜를 증거하는 빛과 소금으로 살게 하소서.

예수님의 이름으로 기도합니다, 아멘.

DAY 37 좁은 문으로 들어가라

좁은 문으로 들어가거라. 멸망으로 이끄는 문은 넓고, 그 길이 널찍하여서, 그리로 들어가는 사람이 많다. 생명으로 이끄는 문은 너무나도 좁고, 그 길이 비좁아서, 그것을 찾는 사람이 적다. 마 7:13,14

"좁은 문"은 '십자가의 길', 세상이 환호하지 않는 길, 타락한 본성으로는 가고 싶지 않고, 갈 수 없는 길이다. 하지만 예수님의 생명으로는 갈 수 있고, 가야만 하는 길이다. 삶은 선택의 연속이며, 무수한 선택들로 이루어진다. 그러니 매 순간 눈앞에 놓인 선택지가 생명으로 이끄는 좁은 문인지, 멸망으로 이끄는 넓은 문인지를 분별해야 한다. 좁은 문은 예수님으로 인해 거듭난 영의 생각으로만 들어갈 수 있다.

소그룹의 한 자매의 이야기다. 그녀는 이십 대에 결혼해 예쁜 딸을 낳았다. 하지만 엄마가 되는 길은 몹시 험난했다. 이틀에 걸친 진통이 너무 힘들었고, 어린 생명을 기르는 법도 몰랐다. 모든 게 처음이라 낯설고

PART 3   영으로 사는 삶   *232*

어려웠다. 그래서 둘째는 상상도 못 했고, 버거워하는 자매를 위해 남편은 정관수술을 받았다.

요즘은 한 자녀를 기르는 가정이 워낙 많으니 문제 될 게 없었다. 그런데 자매가 교회에 다니면서 생각이 바뀌기 시작했다. 우리 교회에는 최소 둘에서 다섯 자녀까지 둔 다둥이 가정이 많다. 하나님을 공급자로 믿고, 믿음의 다음세대를 기르고자 하는 신념으로 많이들 낳는다. 자매도 함께 신앙생활을 하며 믿음이 자라가자 자녀를 더 낳아 기르고픈 거룩한 소망이 생겼다.

부부는 함께 기도했고, 남편이 복원 수술을 받았다. 그런데 1년이 지나도 아이가 생기지 않아 병원에 가보니 복원 수술이 잘되지 않았던 모양이었다. 자매는 낙심해서 소그룹 모임 때 솔직한 마음을 나누었다.

"사모님, 막힌 길 같아요. 아무래도 포기해야 할 것 같아요. 이렇게까지 힘들게 둘째를 낳아야 하나 회의감이 들어요. 주변에 한 자녀를 둔 가정도 많고, 둘째를 가지려고 애쓰는 제가 미련해 보여요."

자매가 울며 심정을 토로하는데 하나님의 말씀이 내 마음에 울렸다.

'막힌 길이 아니라 좁은 길이다. 협착하여 찾는 자가 별로 없지만, 그 길로 나아가면 생명을 만날 것이다.'

이 말씀을 전하며 자매를 격려했다. 그날 다 같이 손을 얹고 뜨겁게 기도해준 이후 자매는 힘을 얻어 다시 남편과 기도했고, 감사하게도 한 번 더 복원 수술을 해주겠다는 교수님을 만나게 되었다. 그리고 마침내 부부에게 새 생명이 찾아왔다. 할렐루야!

끝까지 말씀을 붙들고 기도한 자매는 과거에 힘겨웠던 출산과 모유 수유도 순탄하게 감당했다. 그녀는 주님께 깊은 감사의 고백을 올려드렸다. 이 과정을 함께 기도하고 지켜보면서, 복음의 능력을 다시금 절감했다. 정부의 여러 출산장려정책에도 도통 늘지 않는 출산율이 현재 국가의 심각한 난제다. 이런 사회적 흐름을 거슬러 정관복원술을 하고, 난관에 부딪혀도 재도전하여 끝내 귀한 생명을 만난 것이 복음의 능력 아니고서 어찌 가능할까! 주님이 부어주신 믿음이 아니었다면, 결코 지나올 수 없는 길이었다.

생명으로 인도하는 좁은 길을 선택하는 믿음은 오직 '복음'에서 온다. 복음으로 새로운 생명을 얻어 영의 생각을 하지 않는 한, 그 길은 좁고 불편하고 미련해 보일 뿐이다.

이 세대가 '넓은 문'을 향해 달려갈 때, 하나님의 자녀들은 그것을 본받지 말고, 하나님의 선하시고 기뻐하시고 완전하신 뜻 곧 생명으로 이끄는 좁은 문을 향해 나아가야 한다. 그 비결은 마음을 새롭게 함으로 변화를 받는 것이다(롬 12:2). 복음으로, 예수님의 생명으로, 영의 생각으로 변화되는 것이다. 성령을 따라 아버지께서 기뻐하시는 뜻을 향해 나아갈 때, 좁은 문을 분별하고 선택할 용기가 부어진다.

2022년 늦봄, 로마서 12장 2절을 붙들고 간절히 기도했다.

"아버지, 우리 교회가 이 세대를 본받지 말고, 마음을 새롭게 함으로 변화를 받아 하나님의 선하시고 기뻐하시고 완전하신 뜻을 분별하는 믿음의 세대가 되기를 기도합니다. 특별히 이 말씀을 살아낼, 다니엘과 같은 믿음의 다음세대가 일어나게 해주세요!"

성령께서 뜨거운 마음을 부어주셔서 더욱 눈물로 부르짖는데, 마음 깊이 주님의 음성이 들려왔다.

'너희 교회에 베이비붐 시대를 열어줄 것이다.'

출산율 최저 시대에 '베이비붐'을 열어주시겠다는 약속은 가슴을 뛰게 했다. 다음세대를 위한 간절한 기도에 주님께서 신실하게 응답해주시는 것 같아 감격이 복받쳤다. 이후 처음 태의 문이 열린 가정이 앞서 말한 복원 수술로 잉태한 자매의 가정이었다.

우리 교회는 2023년 한 해에만 17명의 아이가 태어났다. 매달 약 1.4명이 태어난 셈이다. 2024년에 출산 예정인 아이도 벌써 15명이다(2023년 12월 기준). 아마 20명의 새 생명을 기대해도 좋지 않을까 싶다. 주님께서는 정말로 베이비붐 시대를 열어주셨다. 이런 출산율이 가능한 것은 하나님이 기뻐하시는 좁은 문으로 가려는 가정이 많기 때문일 것이다.

'돈이 많아야 아이를 기를 수 있다'라는 통념을 거슬러 '아이는 하나님이 기르신다'라는 믿음으로 직장을 그만두고 양육에 전념하는 엄마들이 많다. 이들은 아이를 성경적으로 양육하고자 조금 덜 벌어도 주님이 책임지실 것을 믿고 청지기 정신으로 육아에 헌신한다. 그 길이 때로는 초라하고 고되도 세상이 줄 수 없는 기쁨과 보람이 전리품으로 주어진다.

실제로 하나님께서 먹이고 기르신 간증들이 넘쳐난다. 이는 좁은 문으로 가는 자만이 맛보는 기쁨이다. 이 헌신의 씨앗이 훗날 자녀에게 아름다운 믿음으로 반드시 꽃피우리라.

'출산과 육아'에 관한 좁은 문을 주로 다루었지만, 실은 삶 전체에서 좁은 문을 선택해야 한다. 아침에 눈 떠서 밤에 잠들 때까지, 인생의 중요한 고비마다, 공부와 학업의 때, 취업을 앞두고, 배우자를 만나는 과정에서, 중년과 노후를 맞이하며, 모든 선택 앞에서 하나님이 기뻐하시는, 생명으로 향하는 좁은 문으로 나아가야 한다.

성령께 지혜를 구하자. 비좁고 불편한 길 같아도, 십자가를 지는 고난이 따를지라도, 영원한 생명에 이르는 하늘의 기쁨을 누리게 될 것이다.

> 누구든지 나를 따라오려거든, 자기를 부인하고, 제 십자가를 지고, 나를 따라오너라. 마 16:24

Let's Pray

1 나는 지금 좁은 문으로 향하고 있나요, 넓은 문으로 향하고 있나요? 넓은 문 앞에서 서성였던 연약함을 회개하고 돌이키길 기도합시다.

_____

_____

_____

2 아래 말씀 ○○에 내 이름을 넣고, 소리 내어 선포합시다. 복음의 능력으로 새롭게 되었음을 믿고, 아버지의 뜻을 분별하는 지혜를 부어주시길 기도합시다.

○○는 이 세대를 본받지 말고 오직 마음을 새롭게 함으로 변화를 받아 하나님의 선하시고 기뻐하시고 온전하신 뜻이 무엇인지 분별하도록 하라 롬 12:2 개역개정

3 내 삶에서 좁은 문을 선택해야 하는 구체적인 문제와 영역이 무엇인가요? 주님께 솔직한 마음을 고백하고, 믿음의 용기를 구합시다.

_____

_____

_____

_____

Prayer

십자가의 좁은 길을 택하사

영원한 생명을 주신 예수님을 찬양합니다!

보배로운 피로 제 죄를 씻어주시고

새로운 마음을 창조해주심에 감사와 영광을 올려드립니다.

이제 저는 새롭게 함으로 변화를 받았습니다.

이 세대를 따라 넓은 문을 기웃거리지 않고

예수님이 말씀하신 좁은 문, 좁은 길로 나아가겠습니다.

옛사람의 욕망을 십자가에 못 박고

하나님의 선하시고 온전하신 뜻을 따라 나아가겠습니다.

성령님, 저를 충만히 채워주세요.

두려움이 아닌 기쁨과 감사와 믿음과 용기를 부어주세요.

지혜를 주시고 믿음의 눈을 여셔서

구체적인 적용점을 깨닫게 해주세요.

어려움이 따르더라도 생명의 길에서 평안과 기쁨을 누리며

믿음을 굳건히 지키길 원합니다.

오직 복음의 능력으로 좁은 문, 좁은 길로 나아가는

믿음의 자녀 되길 예수님의 이름으로 기도합니다, 아멘.

DAY 38 기도 골방을 사수하라

마태복음 6:5-15

너는 기도할 때에, 골방에 들어가 문을 닫고서, 숨어서 계시는 네 아버지께 기도하여라. 마 6:6

당신의 삶에 주님과 단둘이 만나는 골방이 있는가? 날마다 주님과 독대하는 '기도의 시간과 자리'가 있는가?

'시간의 골방'이란 특별한 집회나 기도회가 열릴 때 혹은 주일예배 때 기도하는 것 외에 매일 최소 30분에서 1시간 이상 주님과 깊고 진하게 만나는 시간을 말한다. '장소의 골방'은 교회 예배당일 수 있고, 걸으며 기도하는 산책로일 수 있고, 집 안에 마련한 기도 처소일 수도 있다.

실제로 수납 공간이었던 작은 창고 방을 기도 골방으로 꾸민 경우도 있고, 옷장 한쪽을 비워서 작고 아늑한 골방을 만든 경우도 있다. 규장 출판사 사옥 옥상에도 '십자가 기도실'이 있는데, 아주 인상적이었다.

내 기도 골방은 남편과 아이가 모두 외출한 후 혼자 있는 거실과 교회 예배당이다. 하루 중 가장 소중한 시간을 보내는 장소다.

우리 예수님도 기도 골방이 있으셨다. 주로 산에서 기도하셨고, 하루에도 여러 번 하나님 아버지와 깊고 내밀한 시간을 보내셨다. 새벽기도와 철야기도, 산기도의 원조는 예수님이시다. 그분은 이른 새벽에 늘 한적한 곳으로 가 아버지를 만나셨다(막 1:35). 바쁜 사역 가운데도 틈틈이 습관을 따라 기도하러 산에 가셨으며, 주무시기 전에도, 때론 밤을 새워 기도하셨다(눅 6:12, 22:39,40). 사역이 그렇게 많으셨는데도 골방 기도를 사수하셨으니 풍랑이 이는 배 안에서 깊이 잠드셨던 게 이해된다.

이렇듯 하나님의 아들이신 예수님은 우리에게 기도의 본을 보이셨다. 하나님의 자녀가 이 땅을 살아갈 때 아버지와 은밀히 만나는 골방 기도가 얼마나 중요한지 몸소 보여주셨다. 혹 이런 생각이 들 수 있다.

'예수님은 하나님의 아들이시니 가능하지, 난 불가능해.'

이에 예수님은 이렇게 답하신다.

"내가 진정으로 진정으로 너희에게 말한다. 나를 믿는 사람은 내가 하는 일을 그도 할 것이요, 그보다 더 큰 일도 할 것이다"(요 14:12).

예수님을 믿고 하나님의 자녀가 된 우리는 예수님이 하신 많은 일, 그중에서도 가장 근간으로 삼으셨던 기도의 삶을 살아낼 수 있다. 보혜사 성령님이 도우시기에 더더욱 가능하다. 예수님이 말씀하셨다.

"내가 아버지께 구하겠다. 그리하면 아버지께서 다른 보혜사를 너희에게 보내셔서, 영원히 너희와 함께 계시게 하실 것이다. 그러나 보혜사, 곧 아버지께서 내 이름으로 보내실 성령께서, 너희에게 모든 것을 가르쳐주실 것이며, 또 내가 너희에게 말한 모든 것을 생각나게 하실 것이다"(요 14:16,26).

십자가 앞에서 도망가 숨어버렸던 제자들에게 부활하신 예수님이 나타나 성령님을 기다리라고 하셨다.

"너희는 예루살렘을 떠나지 말고, 내게서 들은 아버지의 약속을 기다려라. 요한은 물로 세례를 주었으나, 너희는 여러 날이 되지 않아서 성령으로 세례를 받을 것이다"(행 1:4,5).

때가 되어 성령께서 제자들에게 임하셨고, 그들은 기도의 사람으로 변화했다. 감람산에서 예수님 곁에서 졸던 제자들도, 끝내 예수님을 부인한 베드로도, 성령이 임하시자 새사람이 되었다. 더 이상 육신이 약해 넘어지는 자들이 아닌 성령의 사도가 되어 예수님의 사역을 이 땅에 펼쳐나갔다. 그들은 오로지 기도에 힘썼다. 예수님처럼 기도로 묻고, 인내하고, 지혜를 얻고, 능력을 행하고, 죽음까지도 통과했다.

우리도 예수님처럼 아버지의 뜻을 따라 살아갈 수 있다. 아니, 살아내야 한다. 우리의 부르심이다. 날마다 기도의 골방에서 아버지를 만날 때 이 능력 있는 부르심의 삶을 살아낼 수 있다. 보혜사 성령께서 우리를 도울 만반의 준비를 하고 계신다. 성령충만을 부르짖어 구하자!

구하여라, 그리하면 너희에게 주실 것이다. 찾아라, 그리하면 찾을 것이다. 문을 두드려라, 그리하면 너희에게 열어주실 것이다. … 하물며 하늘에 계신 아버지께서야 구하는 사람에게 성령을 주시지 않겠느냐? 눅 11:9,13

1 기도의 골방이 있나요? 하루의 시간표 가운데 반드시 골방 기도를 세우도록
  결단합시다!

2 지금 이 시간, 골방 기도의 자리에서 삶의 문제를 아뢰며, 아버지의 뜻과 지혜
  를 구합시다.

3 예수님의 제자들처럼 나도 성령충만하여 놀라운 기도의 사람으로 변화되기를
  간구합시다!

Prayer

이 땅에 인간의 몸으로 오셔서

기도의 본을 보여주신 예수님, 사랑하고 감사합니다.

성령님, 충만히 임하셔서 제가 예수님을 따라 살게 해주세요.

성령으로 변화되어 능력 있는 기도의 삶을 살길 원합니다.

주님, 이 시간 저를 깊이 만나주세요.

주님의 음성을 듣고, 주님의 말씀을 깨닫길 기도합니다.

살아계신 아버지의 얼굴을 간절히 구합니다.

제게 주신 아버지의 사랑이 얼마나 크고 놀라운지요!

저도 아버지를 온 마음 다해 사랑하겠습니다.

아버지의 사랑을 드러내는 빛과 소금으로 살아내게 해주세요.

여러 기도 제목을 주님께 올려드립니다.

아버지의 뜻과 마음을 깨달아 순종하게 해주세요.

날마다 골방에서 주님을 만나며

그 시간을 가장 소중하게 지켜내도록 도와주세요.

예수님의 이름으로 기도합니다, 아멘.

DAY 39

먼저 그의 나라와 의를 구하라

마태복음 6:19-34

> 너희는 먼저 하나님의 나라와 하나님의 의를 구하여라. 그리하면 이 모든 것을 너희에게 더하여주실 것이다. 마 6:33

이 말씀에 앞서 예수님은 주기도문을 통해 기도를 어떻게 해야 하는지 알려주셨다. 이방인들처럼 무엇을 먹을까, 마실까, 입을까 염려하며 기도하지 말라고 하셨고, 보물을 하늘에 쌓아두며, 하나님과 재물을 겸하여 섬기지 말라고도 말씀하셨다. 대신 '먼저' 하나님의 나라와 의를 구하면, 이 모든 걸 더해주겠다고 약속하셨다.

생각해보자. 한 회사에 우수사원이 있다. 그는 유능하며 최선을 다해 일하지만, 그 능력과 얻은 재물을 자신을 위해서만 사용한다. 그리고 때가 되면 더 조건이 좋은 회사로 이직할 의사가 있다. 한편, 그 회사 사장의 아들도 회사를 위해 열심히 일한다. 자신의 모든 걸 회사에 헌신한다. 그가 이어받을 유업이기 때문이다. 당신이 사장이라면 누구를 지지하겠는가?

마찬가지로, 하나님나라는 우리가 이어받을 유업이다. 우리는 하나님 아버지의 종이 아니라 자녀이며, 이 세상은 훗날 심판받아 멸망할 땅이다. 그러니 경쟁과 탐욕과 교만이 판치는, 장차 멸망할 땅이 요구하는 방식을 따라 성공하려 아등바등 사는 건 하나님나라를 유업으로 얻을 자녀에게 합당하지 않다.

비록 이 땅에 발을 딛고 살지만, 우린 하나님나라와 그 의를 위해 살아야 한다. 그럴 때 우리를 통해 하나님나라 정체성을 가진 새로운 자녀들이 생겨날 것이다. 그런 자에게 아버지께서 물질이든, 재능이든, 관계든, 그 무엇이든 아낌없이 지원하실 것이다.

그러려면 분명한 정체성을 가져야 한다. 내가 하나님의 자녀이고, 예수님의 보혈로 운명이 바뀌었으며, 하나님나라가 약속되었음을. 예수님이 다시 오시는 날, 예수님의 생명으로 인치심을 받은 우리는 멸망 당하지 않고, 부활의 영광을 누리며 주님과 영원히 살 것임을 말이다.

> 나는 부활이요 생명이니, 나를 믿는 사람은 죽어도 살고, 살아서 나를 믿는 사람은 영원히 죽지 아니할 것이다. 네가 이것을 믿느냐? 요 11:25,26

이 분명한 진리를 믿는다면, 더는 이 땅에서 무얼 먹고 마시고 입을지 고민하지 않게 된다. 도래할 하나님나라와 그 의를 위해 살게 된다.

예수님의 말을 이해하지도 믿지도 못했던 제자들도 부활하신 예수님을 만난 후 육의 생각이 소멸했다. 약속하신 성령을 받고서는 영의 사람으로, 하늘의 아들들로 완전히 거듭났다. 세상 어떤 것도 그들의 믿음을 빼앗지 못했고, 그들은 예비된 면류관을 바라며 기쁨으로 충만했다. 그 나라와 의를 위해 삶 전부를 드렸다.

우리는 2,000년 전 이 땅에 오신 예수 그리스도를 믿음으로 보았다. 성령께서 그 믿음을 북돋아 주시며 살아계신 예수님의 영을 만나게 하신다. 우린 그분과 함께 다시 오실 예수님의 길을 예비하는 자로 살아간다. 한 영혼이라도 더, 그 영광의 나라를 함께 이어받고자 복음을 증거하며 살아간다. 하나님의 자녀로서 이 땅에선 볼 수 없는 삶의 방식인 사랑, 희락, 화평, 오래 참음, 자비, 양선, 충성, 온유, 절제의 삶을 살아내며 영원한 하나님나라를 보여준다. 우리를 통해 그리스도를 만나는 자마다 예수 보혈을 은혜로 입어 그 나라로 들어갈 것이다.

하나님의 자녀가 먼저 하나님나라와 그 의를 구하며 충만한 기쁨을 누리는 건 당연하다. 그런 자를 아버지께서 지지하시는 것도 당연하다. 당연한 일을 하는데, 칭찬과 상을 준비해주신다.

아버지는 자녀에게 어려운 걸 요구하시지 않는다. 물론 고난과 희생이 따르기도 하지만, 세상에서 성공을 위해 달려가도 고난과 희생이 뒤따른다. 그러나 하나님의 자녀가 아버지의 나라와 의를 위해 수고하며 눈물 흘릴 때, 아버지께서는 손수 눈물을 닦으사 갑절의 은혜를 약속해주신다. Amaizing Grace, 놀라운 복음이다!

내게 주신 사명의 땅, 가정과 학교와 직장과 관계 속에서 하나님나라와 그 의를 구하자. 하늘 자녀의 라이프스타일을 보여주자. 사랑으로 섬기며 주께 하듯 충성하자. 나를 통해 하늘나라를 함께 유업으로 받을 가족을 얻게 될 것이다. 아버지 안에서 충만한 기쁨을 누릴 것이다.

Let's Pray

1 나는 '하나님 자녀'의 분명한 정체성을 갖고 있나요? 유업으로 받을 천국을 기대하고 바라며, 자녀 삼아주신 예수님의 십자가 사랑을 깊이 묵상합시다.

_____

_____

_____

_____

2 '먼저 그의 나라와 의를 구하는' 일이 어렵고 부담스러운 것이 아니라, 하나님의 자녀로서 '당연하고 쉬우며 기쁜 일'임을 깨닫고 누리길 기도합시다.

_____

_____

_____

_____

3 내 삶에서 먼저 그의 나라와 의를 구하기 위해 바로잡아야 할 모습은 무엇인가요? 하나님 자녀의 삶을 기쁘게 살아낼 수 있도록 기도합시다.

_____

_____

_____

_____

Prayer

아버지, 세상의 헛된 영광을 좇으며 살던 저를

예수 보혈로 새롭게 하시니 감사합니다!

만물을 다스리시는 하나님 아버지의 자녀 삼아주셔서,

죄로 잃어버린 아버지의 형상을 되찾아 주셔서 감사합니다.

이제 육신을 위해 살지 않고

먼저 하나님나라와 그 의를 구하겠습니다.

그 삶이 하나님의 자녀로서 마땅하며,

쉽고 가볍고 기쁨이 넘치는 삶임을 믿습니다.

주님이 함께하시니 제가 넉넉히 살아내겠습니다.

보내신 가정과 학교와 직장과 관계 속에서

주님을 모르는 영혼에게 예수님의 사랑을 전하며

함께 자녀 되는 기쁨을 누리게 해주세요.

구체적으로 할 일을 깨닫게 하시고, 아버지의 마음을 부어주세요.

약속하신 부활과 영원한 삶을 바라봅니다.

막연히 먼 미래의 일이 아니라 오늘 나를 살게 하는

생생한 언약이 되어 그 소망의 기쁨으로 살아가게 하소서.

성령님, 함께하소서. 예수님의 이름으로 기도합니다, 아멘.

DAY 40

생명을 낳고 낳으라

마태복음 28:16-20, 요한계시록 22:20

너희는 가서, 모든 민족을 제자로 삼아서, 아버지와 아들과 성령의 이름으로 세례를 주고, 내가 너희에게 명령한 모든 것을 그들에게 가르쳐 지키게 하여라. 보아라, 내가 세상 끝날까지 항상 너희와 함께 있을 것이다. 마 28:19,20

성경은 '사람을 낳는 이야기'로 시작해서 끝난다고 해도 과언이 아니다. 태초에 하나님께서 그분의 형상을 닮은 인간을 만드셨다. 선악과를 따 먹은 아담과 하와에게 가죽옷을 지어 입히셨고, 가인에게 살해당한 아벨을 대신해 셋을 주셨고, 셋의 후손 가운데 노아를 남기셨다. 노아를 통해 믿음의 계보가 이어지는 듯했으나 또다시 다 사라지고, 어둠의 때에 믿음의 조상 아브라함을 세우셨다.

그를 통해 낳고 낳는 역사를 이어가시며 다윗 왕을 세우셨고, 바벨론 포로 70년 역사를 돌고 돌아 침묵의 긴 터널을 지나서 마침내 예수 그리스도를 보내셨다. 하나님이신 예수님이 성령으로 잉태되어 인간의 몸을 통해 인간으로 오신 거였다. 그리하여 완전히 새로운 시대를 여셨다.

죄가 없는 유일한 사람, 예수 그리스도께서 어린양이 되셔서 인류의 죄를 단번에 대속하셨다. 이를 통해 육신의 계보를 따르지 않고, 예수님을 통해 성령으로 거듭나 하나님의 자녀가 되는 놀라운 권세를 허락하셨다. 부활하신 예수님이 승천하시며 주신 마지막 사명도 바로 이것이었다. '아버지와 아들과 성령의 이름으로 모든 민족을 제자로 삼아 내가 분부한 모든 것을 가르쳐 지키게 하라!' 곧 믿음의 사람을 낳고 길러내라는 말씀이었다.

예수님의 제자들은 열방으로 흩어져 복음을 전하며 믿음의 사람들을 세워갔다. 그 복음의 역사 속에서 우리도 하나님의 자녀가 되었다. 그리고 동일한 사명을 이어받았다. 믿음의 사람을 낳고 기르는 것, 예수님의 이름으로 많은 사람을 하나님의 자녀로 거듭나도록 섬기는 것이다.

예수 그리스도 안에서 새 생명을 얻은 우리는 이 사명에 부름 받았다. 바울의 가르침처럼 공부하든, 돈을 벌든, 육아를 하든, 무엇을 하든지 다 하나님의 영광을 위해 하고, 자기 유익보다 다른 이들의 유익을 구하며 그들로 '구원'을 얻게 하는 것(고전 10:31,33), 곧 믿음의 사람을 낳고 기르는 것이다.

열방에 복음을 전하기 위해 선교지로 부름 받은 이도 있지만, 우리는 대부분 삶터와 일터에 파송된 선교사다. 주변에 예수님을 모르는 영혼에게 복음을 증거하기 위해 사랑과 수고와 섬김과 기도를 충성되게 심어야 한다. 그리고 열방의 선교지에 직접 가진 못하더라도, 섬길 방법은 많다.

먼저는 골방에서 중보해야 한다. 선교지에서는 기도동역자를 늘 필요로 한다. 기도로 선교를 도운 간증은 무수히 많다. 또한 물질로도 섬길

수 있고 단기선교사로 사역할 수도 있다. '열방 복음화'라는 예수님의 지
상대명령은 특정 사람에게만 국한된 게 아니라 예수 믿는 모두에게 주어
진 사명이다. 이를 위해 어떻게 헌신할지 기도로써 구하고 실천하길 바
란다. 동시에 삶의 자리에서 아버지의 마음으로 영적 자녀를 낳고 기르
는 데 힘쓰며 날마다 골방에서 기도하자.

　우리 교회는 거의 매주 새신자가 온다. 모두가 교회에 정착하진 않지
만, 와서 복음을 듣고 가니 감사하다. 교회도 처음이고, 복음도 처음인
이들이 제법 많다. 성도가 삶의 자리에서 예수님의 사랑으로 섬기고 기
도한 열매가 바로 새신자다. 그들은 성도의 삶에서 무언가 특별한 사랑
과 섬김과 평안과 기쁨을 보았기에 교회에 온 것이다.
　그들이 복음을 듣고 예수님의 생명으로 거듭나 믿음이 성장하는 과정
을 지켜보는 것만큼 기쁘고 경이로운 일이 없다. 아이가 태어나 자라는
게 신비롭고 아름다운 일인 것처럼, 하나님나라에 새 생명이 태어나 주님
의 자녀로 장성해가는 과정은 이루 말할 수 없이 기쁘고 아름답다. 천국
에서 기쁨의 나팔소리가 들려오는 듯하다. 훗날 그들 역시 예수님을 증
거하며 생명을 낳고 낳는 역사를 이어간다.
　믿음의 사람을 낳고 사랑하며 살아가는 건 삶의 큰 기쁨이요 목적이
며 이유다. 그렇게 날마다 주님과 동행할 때 생수의 강이 배에서부터 흘
러나오리라. 사랑하는 예수님이 다시 오시는 날, 그분의 보혈로 영원한
나라에 함께 들어갈 수많은 자녀를 보고 얼마나 기쁘실까. 곧 오실 예수
님의 길을 예비하는 데 삶을 온전히 드리자. 마라나타!

Let's Pray

1 예수 보혈로 약속된 영원한 아버지의 나라를 바라봅시다! 기대와 기쁨이 충만한가요? 그 나라를 소망함으로 그리며 기도합시다.

2 믿음의 계보를 따라 예수 그리스도를 보내주시고, 우리에게 하나님의 자녀가 되는 놀라운 권세 주심을 기억하며, 감사와 찬양의 고백을 올려드립시다.

3 복음을 전할 영혼들의 이름을 부르며 축복하고 중보합시다.

4 다시 오실 예수님의 길을 예비하는 기도의 사람이 되길 결단합시다! 또한 열방 복음화를 위해 주어진 자리에서 어떤 섬김을 할 수 있을지 기도로써 구합시다.

Prayer

이 땅에 예수님을 보내신

하나님 아버지의 사랑과 공의를 찬양합니다.

예수님의 보혈로 하나님의 자녀 되는 권세를 주셔서 감사합니다.

예수님이 주신 사명을 믿음으로 바라봅니다.

"오직 성령이 너희에게 임하시면 너희가 권능을 받고

예루살렘과 온 유대와 사마리아와 땅끝까지 이르러

내 증인이 되리라"(행 1:8 개역개정)!

삶의 자리에서 예수님을 전하는 자로 살게 해주세요.

예수님의 마음으로 사랑하고 섬기며, 주님을 모르는 영혼들을

아버지께로 이끄는 통로가 되길 원합니다.

열방 복음화를 위해 제가 할 일을 가르쳐주세요.

무엇을 하든, 하나님의 영광과 주님 나라와 뜻을 위해 하길 원합니다.

아버지의 기쁨이 제 기쁨이 되고,

아버지의 꿈이 제 비전이 되고,

아버지의 눈물이 제 눈물이 되어,

아버지 뜻에 합한 삶을 살길 기도합니다.

다시 오실 주님의 길을 예비하는 자로 살게 하소서.

마라나타! 아멘, 주 예수여 오시옵소서!

육이 죽고 영이 사는 40일 작정기도

초판 1쇄 발행	2024년 2월 13일
초판 6쇄 발행	2024년 2월 29일

지은이　　　유예일

펴낸이　　　여진구
책임편집　　김아진 정아혜
편집　　　　이영주 박소영 최현수 안수경 김도연
책임디자인　이하은 조은혜 | 마영애 노지현
홍보 · 외서　진효지
마케팅　　　김상순 강성민　　　　마케팅지원　최영배 정나영
제작　　　　조영석 허병용　　　　경영지원　　김혜경 김경희

303비전성경암송학교 유니게 과정
이슬비전도학교 / 303비전성경암송학교 / 303비전꿈나무장학회

펴낸곳　　　규장

주소 06770 서울시 서초구 매헌로 16길 20(양재2동) 규장선교센터
전화 02)578-0003　팩스 02)578-7332
이메일 kyujang0691@gmail.com　　　　홈페이지 www.kyujang.com
페이스북 facebook.com/kyujangbook　　인스타그램 instagram.com/kyujang_com
카카오스토리 story.kakao.com/kyujangbook
등록일 1978.8.14. 제1-22

ⓒ 저자와의 협약 아래 인지는 생략되었습니다.
이 출판물은 저작권법에 의해 보호를 받는 저작물이므로 무단 전재와 무단 복제를 할 수 없습니다.

책값　뒤표지에 있습니다.
ISBN 979-11-6504-506-7 03230

규 | 장 | 수 | 칙

1. 기도로 기획하고 기도로 제작한다.
2. 오직 그리스도의 성품을 사모하는 독자가 원하고 필요로 하는 책만을 출판한다.
3. 한 활자 한 문장에 온 정성을 쏟는다.
4. 성실과 정확을 생명으로 삼고 일한다.
5. 긍정적이며 적극적인 신앙과 신행일치에의 안내자의 사명을 다한다.
6. 충고와 조언을 항상 감사로 경청한다.
7. 지상목표는 문서선교에 있다.